父母最想知道的親子聊天術

聊出好教養，聊到心坎裡

陳安儀的窩心團

陳安儀 著

推薦序

對話與溝通是教養的基礎

——何琦瑜（《親子天下》雜誌執行長）

作為《親子天下》雜誌的總編輯，同時是兩個孩子的媽，我必須很尷尬的坦承，大多數時候我沒有耐性細讀媽媽寫孩子的部落格文章或書。主要是因為我的工作需要看太多類似的訊息，很容易感到煩膩。但安儀的文字總是讓我有驚喜與發現，常讓我忍不住一氣呵成的讀完，而且深有同感。一方面或許因為她曾是「專業」的文字工作者，讀她的文章有頭有尾，有伏筆有情節，更重要的是「有意義」。在親子對話或生活的切片裡，能談論出對讀者有益的主軸或訊息，而不只是媽媽的自言自語。另一方面，她總是能如此誠懇的面對與剖析自己的處境，客觀的看待人性的脆弱，有時犀利有時寬容，故事裡的安儀和桐桐、青青都很真實。讀文如見其人，看到她的家庭故事，也常常能聯想到自己的困難、興起解決的意志。

安儀不只是兩個孩子的母親，她從創辦母乳協會開始，就是熱心的志工媽媽代表人，她積極參與學校事務，擔任作文班老師，還經營了一個親子的理想遊樂場「媽媽Play」。在親子相關的議題上，她同時擔任了親與師、當事人與專家的雙重角色。她與諸多個性不同、狀況迴異的孩子們互動，從實際經驗中，歸納出實用的好想法與好方法，比許多翻譯類教養書更能貼近媽媽們的需求。

對話與溝通是教養的基礎。安儀綜整的親子聊天術，容易學習也非常值得參考，推薦給所有平凡如我的父母們。

推薦序

真實的感動・真誠的分享

——楊俐容（親職教育工作者、兒童青少年心理學家）

「素人藝術家」指的是無師自通、自學成功的藝術創作者。他們沒有拜師學藝、不曾就讀正規學院，更沒有繼承任何派別的負擔。他們的創作源自日常的生活經驗與自己的特質風貌，心裡怎麼想就怎麼表現，因此作品多半流露出天真、自由、原始、熱情的風格。

讀安儀的親子教養文章有一種欣賞素人藝術的美感。一女一子的童言童語、日常生活的點點滴滴，加上安儀毫不造作掩飾的自己，以及那些隨手拈來的智慧話語，綜合這些創作元素，成就了一項動人的作品。

在我從事親職教育多年的經驗裡，經常碰到家長問：「這樣做對不對？」、「那樣說好不好？」。是的，我非常肯定關於生命如何開展的知識，確實有助於父母去瞭解孩子，而對於互動技巧的掌握，也總是能讓親子間的情感更加濃密暢通，但更難能可貴也最有助於提升親子關係的，是父母能夠對自己有所覺察、有所體悟，而願意向經驗學習、願意和孩子同步成長。孩子對父母並不苛求，教養孩子也不需要絕對精準，因此，我總回答：「如果父母所說所做最終能讓孩子感受到愛，一段時間下來也看到孩子正向發展的結果，那就對了！」

看安儀的書不需要問「對不對、好不好」的問題，因為安儀坦然大方的說了：「我不是專家！」安儀說：「與孩子對話……帶給我深刻的省思。」她所展現的自省是為人父母最重要的態度，也是讓孩子願意打從內心尊重父母最重要的元素。

所有在我腦袋裡思索的東西
兒女？生命？愛情？婚姻？親情？家庭？責任？享樂？
我的人生和我的紙筆，都在這裡

安儀在她的部落格裡這麼寫著。如果你從這本書的字裡行間若有所得，或者在閱讀當中發出會心一笑，那麼安儀一定會感到開心，因為這本部落格文章精選集所流露的，正是安儀人生最真實的感動與真誠的分享。

目錄

PART 1
甜言蜜語，聊出貼心小寶貝
——跟孩子談戀愛

目錄

PART 2 生活大小事，就是要聊天——孩子，我要和你有聊不完的話題

PART 3 教養小故事，聊出大道理——聊出有規矩的孩子

PART 4

妙問怪答，聊出創造力

——聊出瞭解、教出潛力、激發獨立

PART 5
寫給父母
——父母是孩子最好的老師

作者序

寶貝悄悄話

與孩子的對話，有時候讓我大笑；有時候讓我生氣；但更多的時候，它帶給我深刻的省思。

女兒一年級上學期快結束前，我看到她的聯絡簿上有一條：「X月X日請繳交閱讀記錄」。原來，台北市的國小為了配合教育部「深耕閱讀」的計畫，每個學期一開始就會發下一本閱讀記錄本，要求小朋友將每天閱讀的課外書書名、讀書的日期記錄下來，期末交回學校。統計閱讀課外書籍超過一百本的小朋友，就可以得到一張「閱讀獎狀」。

女兒是個名副其實的「小書蟲」。愛看故事書的她，走到哪看到哪，每天手不釋卷。除了家裡、學校圖書館借來的書，去同學、朋友家玩，只要看到人家書架上有故事書，總是情不自禁忘記了玩耍，獨自坐在書架前看個不休。

只不過，每天閱讀很多書的她，根本不記得、也不可能將所有看過的書，一本一本的抄錄在「閱讀記錄」簿上。因此，到了期末要繳交「閱讀記錄」簿時，我便對她說：「妳把閱讀記錄簿帶回來，媽媽幫妳的忙。」

不料，提醒了幾次，她總是忘記。最後一天，當我看到聯絡簿寫：「明天繳交閱讀記錄」時，忍不住生氣地提高了聲音：「妳又忘了帶記錄本回來！妳看過的書都記錄下來了嗎？如果沒有記錄到一百本，妳這學期就拿不到閱讀獎狀了！妳知道嗎？」

被我一兇，半晌不吭聲的女兒，忽然抬頭用一雙黑眼幽幽地望著我：「媽媽，妳不是說過，獎狀『並不重要』嗎？」

我一時之間，愣然愣住。

沒錯，我確實對她說過這句話。我還清楚地記得，當時，我們正在一起回想到底看過哪些書，然後一本一本把書名抄寫下來。抄得很不耐煩的我，一面抄、一面順口對她說：「孩子，讀書這件事，重要的是因為妳喜歡閱讀，而且享受閱讀。至於有沒有一百本、有沒有得到獎狀，一點兒也不重要。」當時，剛升上二年級的女兒，已經在閱讀厚度超過一百頁的少年小說了，因此我覺得比賽讀了幾「本」書，實在很沒意義。

女兒的一句話，堵得我張口結舌。我到底是在生氣她記性不好，還是在怪她對爭取獎狀不夠積極？

沉吟了一下，我換了個語氣，誠懇地對她說：「沒錯，媽媽也覺得獎狀並不重要。不過，我記得妳上學期末曾經抱怨，同學的閱讀獎狀比妳多。媽媽以為，妳很想要獎狀。所以，我只是想要幫妳。」

她搖搖頭。「謝謝妳，但我不想要。」

「好，如果妳也覺得不重要，那麼媽媽就不會再提這件事了。但妳如果沒有拿到獎狀，也不能夠再埋怨。」她答應了。

就這樣，我們結束了「重要」與「不重要」的一場對話。

我與女兒間，經常有類似這樣的對話。有時候，是靜靜的互相解釋；有時候，是大聲的爭辯。

有次，女兒跟她的死黨一起玩兒，兩個人故意躲在廁所說悄悄話，把弟弟關在門外，受到排擠的弟弟便哭著來告狀。於是，我們母女對於「人究竟可不可以有祕密」這件事展開了激辯。

「我們並沒有說他的壞話，我們只是說『嘰哩咕嚕』而已。」

「妳雖然沒有說弟弟的壞話，但妳們說悄悄話，這會讓弟弟覺得你們在說他。」

「我們難道不可以說悄悄話嗎？」

「可以。可是如果我跟弟弟在妳面前，故意躲到廁所講悄悄話，還一邊看著妳笑，妳會有什麼感覺？」

「我才不會有什麼感覺咧！」

「很好！那媽媽決定，從現在開始，接下來的一整天，我都只跟弟弟說悄悄話。」

「才不要！」

「那就對了！所以弟弟也不喜歡妳跟別人講話，故意不讓他聽。妳知道嗎？這種態度是一種排擠，對別人會造成傷害。」

我篤信「真理愈辯愈明」。往往在孩子們在這樣你來我往的分辯之中，才能清楚地了解，為什麼要受處罰？我究竟是哪裡做錯？而父母如果可以不用「頂嘴」這頂大帽子扣住孩子，才能夠知道孩子不服氣的地方在哪裡，他的態度所為何來。

老實說，我並不是一個脾氣很好的媽媽。忙碌於工作、家庭，蠟燭兩頭燒的我，經常克制不住自己的怒氣，對著犯錯、不聽話、態度不佳的孩子叫囂，甚至取出「家法」，送上一頓竹筍炒肉絲。不過，在憤怒之中，我總是努力提醒自己：「容許孩子辯解」，以及「常跟孩子談話」。

談話，是開懷的分享；偶爾，也會有附耳的祕密。

我跟女兒經常在我開車送她去上才藝課的路上閒聊。因為經常只有我倆，所以是一段很難得的獨處時光。

「媽媽，什麼是情書？妳收過情書嗎？」

「媽媽，我們班上有兩個男生喜歡我喔！」

「媽媽，我聽到妳昨天說，妳已經沒有錢了，是真的嗎？我還有兩百元，統統給妳好不好？」

我很珍惜那段互相傾吐的時光。我更珍惜她現在甜蜜的童言童語，即使我知道那不可能實現：

「媽，我將來可以不要結婚嗎？」

「可以啊！但是為什麼呢？」

「因為我要跟妳住在一起，永遠不分開。」

寶貝啊！妳可知道，媽媽不求和妳永遠不分開，只求和妳有永遠講不完的話，我就心滿意足了啊！

PART 1

甜言蜜語，聊出貼心小寶貝

——跟孩子談戀愛

「說」出來的愛
——適時對孩子表達愛意

人生無常。媽媽過世後，我感慨尤深。

每次想到，愛我的媽媽，卻沒能看到我可愛的一雙兒女，以及如今稍有點名氣和社會地位的我，我就忍不住一陣難過。還好，我還來得及在媽媽纏綿病榻時，對著尚未喪失神智的她說出我一直想說的那句：「媽，我真的很愛妳！」否則，我將一輩子遺憾。

和孩子討論「愛的表現」——抱抱是愛，說故事也是

「愛」雖然不需要一天到晚掛在嘴上，但也不要吝嗇說出口，尤其是對孩子。當媽媽的，常因為跟孩子相處的時間比較多、相對的責罵孩子的頻率也比較高，有時候不免跟孩子的關係緊張。這時，適時地表達愛意，就很重要。

兒童心理學家楊俐容老師的書裡曾經提到，做父母的不妨和孩子討論一下「愛的表現」，就是說爸媽可以問問孩子，什麼樣的言行舉止，最能讓人感受到「愛意」？藉由這樣的討論，可以更了解彼此的想法，有利親子溝通。

我覺得這個點子不錯。因此，我選了一個風和日麗的下午，當我和兩個小傢伙漫步在街上、沒有時間壓力的時候，我就一邊走路、一邊故作不經意地詢問姊弟倆：「你們覺得，媽媽什麼時候最愛你們？」

兩個小鬼異口同聲地回答：「我們很乖的時候！……不吵架的時候！……」

聽到他們的答案，我又好氣又好笑，驚覺我的問題有語病，趕快改口：「不是啦！媽媽的意思是說，你們覺得媽媽做什麼事、或是說什麼話的時候，最能讓你感覺到我愛你們？」

青青馬上回答：「晚上睡覺講故事的時候！」

桐桐則回答：「抱抱的時候。」

桐桐的回答在我意料中。我喜歡親親、抱抱孩子們，除了覺得他們可愛的時候會一把摟過來亂親一通之外，每天晚上睡覺前也會抱抱、親親，所以姊姊覺得這是愛的表現，並不令人意外。不過，我卻很訝異弟弟感受到「愛」的時刻，竟是「講故事」時間！

原來，在床上拿著書、安安靜靜地念故事，竟比「左摟右抱」的威力還大？孩子的感覺，當真細膩的令人震撼。

沒錯，當我們靜下心來，和他們分享床前故事時，心情一定是充滿「愛」的。我曾試過，如果睡前孩子惹惱了我，我怎樣也沒辦法立刻忘記剛才的不愉快，平心靜氣的為他們讀睡前故事。所以，青青回答：「晚上睡覺講故事的時候！」還真的是一針見血呢！

同樣的，我也悄悄在心裡用這個問題問我自己。結果，我很驚訝的是，自己的腦海中浮現的畫面，竟是一次跟爸爸在中正紀念堂的漫步。

父母的談話態度是影響孩子一生的關鍵

我還記得，那一天，爸爸不知道是去哪裡接我，我們父女倆單獨一起走路，穿過中正

紀念堂回家。我已經忘了那天是談到什麼話題了，可能是我的考試失利、不太理想吧！我只記得，爸爸看著前方，一面思索著、一面用極為平和的語氣對我說：「人的一生，就好像是一場馬拉松賽跑，剛開始落後並沒有關係，只要在比賽的過程中不停地超越自己，向前邁進，那麼最後就有獲勝的機會。」

那一年，我只有小學五年級。**爸爸的話，我不見得能完全體會，不過，那場對話、那個場景，三十年來卻一直留在記憶中。爸爸當時認真說話的樣子、鄭重的態度，好像把我當成一個大人。**那段談話讓我覺得，我是一個被他看重的孩子——爸爸非常愛我。

談話的態度，竟然可以影響一個人這麼久！

想到這兒，我決定蹲下來，好好跟孩子說出我對他們的愛：「對。除了抱抱跟講故事之外，即使媽媽罵你、打你、生氣處罰你們的時候，媽媽也是愛你的。只要你們是我的孩子一天，媽媽便會永遠愛你們。」

說完，我們繼續漫步，往目的地前進。我不知道這些談話，將來會有多少留在他們的記憶中？但是，我寧願多說一些，以避免任何遺憾。

把愛說出口，被愛包圍的孩子最幸福！

有一次，我跟幾個媽媽在烘焙教室裡吃便當閒聊。我說，自從我兒子有一次洗完澡，穿了一身「紅配綠」，被我笑是「狗臭屁」後，他每次穿衣服，都會叫我看一下：「媽媽，今天這樣有『狗臭屁』嗎？」非常有趣。

這時，有個念藝術治療的媽媽笑著對我說：「據說，情不自禁喜歡『紅配綠』的小孩，在心理學上表示他是一個被愛包圍的孩子喔！」她解釋，紅色和綠色是兩個最飽和的互補色……等等的理論，大家聽了開玩笑對我說：「喔！那很好，那至少證明妳沒有偷偷虐待他啦！」

「被愛包圍的孩子」。這句話，多麼幸福啊！但是，這世上卻有多少被愛包圍的孩子，自己卻不自知呢？

所以，千萬不要吝嗇說出自己的愛。記得找時間問問孩子：「你覺得媽媽（爸爸）什麼時候最愛你？」

有網友提到：「看過書上說有五種表達和感受愛的語言，分別是：『肯定的言詞』、『身體的接觸』、『精心的時刻』、『禮物的餽贈』與『服務的行動』。可能青青的主要愛語就是『精心的時刻』，而桐桐的則是『身體的接觸』。」

安儀：而我自己想了想，沒錯！那麼爸爸給我的愛應該算是一種「肯定的言詞」！

怎樣跟孩子談天？

——父母應該知道的五大親子聊天術

很多大人不太會跟小孩聊天。

「你今天在學校做了什麼啊？」

「你在學校有沒有乖？」

這兩個問題，通常小朋友的答案大概都是：

「沒什麼啊！就跟平常一樣啊！」

「有乖啊！」

還有很多大人，根本不懂得什麼是跟小朋友聊天。他跟小孩之間的對話永遠都是：

「功課寫完了沒？」

「琴練了沒？」

「今天考幾分？」

別把質問當聊天

這種狀況比較像是「質問」，很難稱做是「聊天」，因為通常都是以「問句」始，以「斥責」終。在中式的家庭裡，鮮少有「和樂融融」的晚餐時間、睡前時間及聊天時間。於是乎，你會發現，孩子在你面前，幾乎都是啞巴，不但話少、三句話問不出個屁來，久而久之，你對他也越來越陌生。

每次聽到我跟小孩聊天，有些媽媽會很苦惱地問我：「妳是怎麼跟小孩聊天的？為什麼我的孩子可以跟你講那麼多話？卻不跟我講話？」

我才赫然發現，大概因為長久以來記者職業訓練有素的緣故，我的確很有聊天的天分。想當年，最難訪問的悶葫蘆藝人，碰到我也能打開話匣子，讓同業佩服不已，這的確是我的天賦異秉！也難怪小孩子碰到我，可以一說說個不停。於是，我回過頭來，檢視自己的「聊天技巧」：我到底是用了什麼魔法，可以讓孩子願意向我訴說？

「聊天祕訣」大公開

看完自己歸納整理出來的「聊天祕訣」，其實說穿了，這些小技巧一點兒也不困難，你也可以做得到！

一、問「小」不問「大」

孩子跟大人不一樣，他們很難理解抽象的問題，也很難回答。因此，想要了解孩子在學校的概況，要盡量避開「抽象」、「大範圍」的問題。不妨改問一些很簡單、一定有答案的問題，而且不妨從「細節」開始。

不要問：「你今天在學校過得如何？」「你今天在學校做什麼？」這種問題，孩子很難回答，或是只會簡單回答：「還好。」「沒做什麼！」這樣會讓聊天很難持續下去。

妳可以改問：「妳今天在學校上了哪些課？」當孩子說出「自然、音樂、國語」的時候，你就有機會接著問：「喔！那自然課今天教什麼？」孩子就會接著回答你的問題：「教氣象啊！什麼氣溫、風向的，無聊死了！」「喔！那音樂課有沒有好一點？……」你就可以藉機了解他今天做了些什麼，並持續交談下去。

以前孩子剛上學時，我跟孩子聊天的開頭常常是：

「今天的營養午餐（或點心）有哪些呀？」

「你們班上誰吃得最多？誰吃得最慢？」

「你今天早上上去學校跟誰玩？早自習在做些什麼呢？畫畫課畫些什麼咧？」

「你們班最多人喜歡的男生是誰啊？你喜歡誰呢？」

藉由一些生活小事打開話匣子比較容易，這些問題簡單易懂，孩子通常都會爭先恐後地回答，不會感覺到壓力。

二、從別人的事談起

桐桐剛入學時，我想要知道她在學校的狀況，因此，我用了一點迂迴手法。在聊天過程中，我先問她：

「你們班上最調皮的是誰？」

她說了一個名字。

「他做了些什麼事惹老師生氣呢？」

女兒如數家珍地說：「上課講話啊！還有昨天用東西丟同學的頭！」

「那老師怎麼辦？」

「老師罰他站啊！」

「站多久？」

「站到下課啊！超慘的！」

「啊！真的啊！好可憐喔。都不能坐下，腳一定很痠。」

「對啊，下課也不能出去玩！」

「哇！你們老師這麼兇啊？」

「還好啦！有一點兇。」

「那你有沒有被老師兇過？」

「沒有！我很乖。」

「喔！好險！所以妳都沒有被老師罰過站嘍？」

她遲疑了一下。

我趕緊說：「妳也被罰過站啊？好可憐。妳有沒有哭？」

她搖搖頭：「沒有。」

我接著問：「啊！老師這麼兇，妳都沒有哭啊？很勇敢。」

「不是啦！我不是被這個老師罰的，我是被健體老師罰的。」

「喔！也是講話嗎？」

「是啊。不過還好只有罰站一下下！」

於是，我就從這樣的一段對話，約略得知她對老師的觀感、上課的情形，以及老師對於孩子的調皮行為如何處置等等。

從「別人談起」是一個很好聊天的方法，比方說，孩子會告訴我班上誰吃飯吃得最慢、誰最常被罰、誰功課最棒、誰今天又打了誰等等。當然，在聊天過程中，我們就能窺見他處於什麼樣的位置、對同學的行為有什麼樣的看法，然後了解孩子在我們看不見的時候，是用什麼樣的身心狀態去處事。

三、不要「否定」，只要「同理」

大人跟孩子聊天，很容易發生的一個狀況，就是大人常常喜歡「否定」孩子的感受。比方說，當女兒說：「自然課無聊死了！」的時候，我絕對不會接著說：

「自然課不無聊啊！天氣、氣象是一件很有趣的東西……」

相信我，只要你這麼一說，這個話題就聊不下去了！因為當孩子覺得你並不認同他說的話時，他後面的話很容易就嚥了回去。

比較好的方式，是回答：「喔，自然課很無聊啊，你可以告訴我是什麼讓你覺得很無聊嗎？」

「因為我本來以為自然課可以做實驗、看酒精燈之類的，結果都是坐在教室裡上課！無聊死了！」

保持中立的語調、同理他的感受，往往可以讓你知道更多孩子的想法，了解他的需求，進而幫助他解決困境。

前陣子有個媽媽告訴我，當他孩子跟她抱怨：「啊！功課好難、好多！我都考不好！」時，她明明很溫柔地回他：「考不好有什麼關係？成績不是那麼重要啊！」結果兒子卻氣得說她不了解他、拒絕再跟她說話，讓她很難過。

事實上，孩子當下需要的不是「否定」他的心情的對話，而是「了解」他心情的對話，所以，如果媽媽改說：「啊！考不好心情一定很不好，你現在一定很難過，你要不要說說你的苦惱？」我相信她兒子的心情一定會好許多，也會繼續把心事對媽媽說出來。

四、只要「傾聽」、不要「說教」

很多時候，聊天只是一種發洩。還記得一堆女人三姑六婆時的那種心情嗎？罵婆婆、罵老公、罵給別人聽，其實不一定要別人幫我們解決問題，只是純聊天而已。

讓聊天回到聊天，想要孩子誠實說出感受，很重要的一個步驟，就是只要「傾聽」，不要「說教」。

和孩子聊天，最忌諱的就是「說教」。任何一種話題的聊天，只要淪落到「說教」與「聽訓」，那就沒趣到極點了！所以，聊天時可以對對方、對話題保持高度的興趣，多詢問、少評論，多說「你」，少說「我」，就很容易讓話題源源不絕的繼續下去。

比方說，孩子說：

「媽，XXX今天打我。」

「喔，為什麼？」

「因為我要玩恐龍，他不准我拿。」

「那你怎麼辦？」

「我就去玩別的了。」

「你怎麼不告老師呢？我不是教過你，人家欺侮你就去告訴老師嗎？你也可以跟他說，公用的東西大家都可以玩啊！媽媽不是跟你說過嗎？」

如果是採取這樣的聊天方式，那麼肯定話題就此戛然而止。孩子最後一定是緊閉雙唇，不再多說一句。此時不妨繼續詢問：

「喔，那你心裡有沒有覺得很不舒服？」或者「那你還想玩恐龍的話怎麼辦呢？」

這時，你就會聽到他真正的想法：

「還好啦！我想他先玩也沒關係，等他玩完了，我再玩就好了啊！」

或是「我很生氣啊！所以我就跟他說：『我不跟你玩了！』」

我當輔導志工時，每週要和至少一個孩子聊天一個小時。這些孩子，有些行為有偏差，我的工作就是陪伴跟傾聽。因此我發現，要讓孩子放心地說出心裡話，輕鬆地聊天，一定要練習「不評價、不說教」，只要你做到這兩點，孩子通常都願意說出心裡的話。而且，說出心中的話對他們來說，是很大的紓解及快樂，他們經常在歷經一小時的聊天過程後，不願意離開會談室，情願和我繼續聊下去。可見得很多孩子是多麼渴望聊天，卻常找不到一個可以聊天的大人。

五、注意肢體語言

聊天時，肢體語言也很重要。適當的肢體語言，會讓孩子覺得你重視他、認真地想要和他聊天。

除非是在開車的時候，否則我在和孩子聊天時，都盡量以平行的目光注視著他。如果孩子還小，那就蹲下來；如果是個大孩子，那就拉著他的手坐下來。即使是手邊在忙著摺衣服、洗碗，在跟孩子講話時，也必須要時時轉頭看他的表情。因為注視別人、專心傾聽，在在表示你很在乎跟他說話。

孩子對於肢體語言很敏感。一邊跟別人談話、一邊敷衍的地嗯、啊、喔；或是眼睛一邊盯著電腦、一邊聽他說話，都不是鼓勵他好好和你聊天的方式。通常如果我這樣做，兒子一定會抗議：「媽媽，妳都沒有在專心聽！」

另外，大部分的孩子都喜歡親密的接觸：握握他的手、摸摸他的頭；摟摟他的肩、搓搓他的頸背；順順他的頭髮、拍拍他的背等等。通常，在對一定熟識度的孩子時，適當地使用一些肢體語言，都會在聊天時產生非常正面的效果。

我在輔導孩子時試過，跟孩子坐在同一邊，比坐在相對位置來得好；躺在地上講話時，比坐在地上好。讓孩子一邊畫黑板一邊聊，他們往往容易卸下心防。另外，就是注意跟年幼的孩子對談的時候，不要隨意亂發笑；不論他的話多麼幼稚、多麼奇怪，你都要保持誠懇、一本正經，否則孩子很容易覺得大人在嘲笑他，而不願意繼續聊下去。

我兒子最近很喜歡告訴我他們班上小朋友的座號，每天都要我猜ＸＸＸ是男生？還是女生？我每天都很認真地猜，雖然我早已經知道答案。此外，他時常會表演班上唱的歌、演的戲給我聽，雖然我已經聽了很多次，但每次依舊是忠實觀眾，還不時問長問短，對他的演出表現得興趣盎然。

最後要提醒大家的，就是在跟孩子聊天時，有時孩子一時說出一些令你驚訝、反感的事時，切記「不動聲色」——聲調平常、假裝毫不在意，這是很重要的。在尚未明白事情真相、或者尚未想出如何應對之道時，先保持朋友般的傾聽，是很重要的！**要跟孩子「說教」或「說道理」的時機，最好跟聊天分開，這才能夠讓孩子暢所欲言、無所不言！**

創造自己家裡的金色時光

小時候，每天放學回家，媽媽在廚房忙晚餐時，我總是跟前跟後，嘰嘰喳喳，忙著把學校發生的事告訴媽媽。接下來爸爸回家了，一家人一起上桌吃晚餐，爸爸聊聊辦公室新聞、媽媽聊聊街坊鄰居、弟弟妹妹，我則說著學校發生的事情，那是我最懷念的、也是作家子敏筆下最珍貴的——「金色的團聚」。

而這「金色的團聚」中，最美好的當屬全家人一起「聊天」：分享光榮的事、訴說傷心的事、笑談出糗的事、暢言經歷的事……就是這些聊天的時光，把我們一家緊密地黏合在一起，也凝聚了我們的親子情感。我們怎能不珍惜這些寶貴的「聊天時光」？

如何聊出信任與了解
——說自己的故事讓孩子掏心掏肺

怎麼樣跟孩子聊天？既然名為「聊天」，想當然耳，就必須要「你來、我往」，「有聽、有說」。

這時，很多媽媽就感到苦惱了：「既不能否定孩子的說話內容、又不能對他說教、講道理，那我除了聽他說，還可以講些什麼呢？」

把孩子當朋友，你的經驗能讓孩子放心傾訴

其實很簡單，只要在聊天的當下，暫時把孩子當成平行朋友般聊聊「自己的事」，就不愁沒有話題啦！

孩子們都是喜歡聽故事的。當故事的主角是自己的爸爸、媽媽、老師，尤其是聽到這些高高在上的大人也有出糗、丟臉、考試不及格、被處罰的經驗……通常他們都會杏眼圓睜、目瞪口呆，聽得極為專心。

別擔心你的過往經驗會讓孩子把你看扁了，事實上，發現大人也有脆弱的一面或出糗的過去，往往能在剎那間消弭你跟孩子年齡、地位的差異，而讓孩子視你為「同一國」，對你掏心挖肺，依賴信任。

我在作文課上必講的、最受歡迎的一個故事，就是我小學二年級時，上課偷吃同學送我的「王子麵」被老師抓到、罰站了一整節課，下課後還被媽媽當著全班的面，再臭罵一頓的故事。

每當我極盡所能地形容當時幼小的我是多麼羞辱、丟臉、困窘時，學生們總是會投以

「了解」、「同情」的目光，彷彿故事中的我就是他們的化身，他們再理解不過。

因此，接下來的作文題目「一次慘痛的經驗」，就可以看到他們大膽的寫出自己的心聲，描述自己經歷過最悲慘的事情，一點也不隱瞞。原因很簡單，因為孩子們會認為，一個有過相同經歷的老師，絕對不會取笑他們，所以他們可以放心傾訴。

展現同理心，樹立孩子的自信與行為模範

所以，每次我跟學生們聊天、或是跟心理輔導的孩子個別談話時，便經常以自己的經歷開頭，好讓他們放心，知道這個大人曾經跟他們一樣糊塗、壞事，好讓他們卸下心防，面對過去、不必膽怯。

我經常尋找回憶中的自己，跟他們分享的有：

暗戀隔壁班的男生啦、忘記寫作業啦、考試考不及格啦、聯考落榜啦、跟爸媽吵架啦、逃家啦、說謊被捉到啦、打弟弟妹妹啦、作弊啦……等等。

這些過來人的經驗，不但展現著你的同理心，也可以給孩子一個正向的效果：雖然我曾經做錯事，不過我還是有機會可以變好；一時的迷途不代表永遠的失敗，過去的錯並不影響現在的對。

這無形中也可以給孩子一個力量：我還有大把的機會，不要輕言放棄。

此外，有時候爸爸媽媽自己小時候的經驗，也是勸誡孩子最好的例子，比說什麼大道理都有用。

教孩子從父母經驗裡學習解決問題、調整心態

我輔導過一個孩子，習慣用「打人」的方式與人溝通。無論生氣、憤怒或開心，他都會以「打」或「撞」別人的方式來表達，讓同學無法接受，老師也很困擾。

有一次，聊天時聊到「色盲」的話題。

我說：「我以前的男朋友就是色盲。」

這個男孩突然問我：「以前的男友？那後來為什麼分手了？」

我順口回答：「喔！因為他喜歡打人。」

沒想到，男孩竟因此而靜默了半晌：

「真的嗎？他打妳，所以妳跟他分手嗎？」

我突然意識到，孩子因為我的經驗而開啟了「反省」的機制，因此我立刻佯裝未知覺地說：「是啊！沒有女孩喜歡暴力的男生啊！所以我就決定跟他分手了。」

從此以後，我發現晤談的時候，這個男孩「動手」的次數便少了很多。我想，這也是一個很有效的例子。

還記得有一次，女兒最要好的朋友晴晴，不知道為了什麼小事，突然間對她不理不睬。無論女兒怎樣好言好語詢問、熱情主動地示好，晴晴就是不理她。於是最後，她終於忍不住放聲大哭，哭得震天價響，怎麼勸都勸不住。

眼見晴晴的媽媽也很尷尬，不知該怎麼處理兩個小孩間的糾紛，我靈機一動，把女兒拉到膝蓋上坐下，低聲在她耳邊說：「桐桐，妳知道嗎？媽媽小時候有一次也跟妳一樣，我最要好的朋友忽然生氣不理我了。而且，雖然她就坐在我旁邊，但是她一直到畢業都不跟我講話！我那時候就跟你現在一樣傷心，一直去找她想要和好，可是她就是不理我！」

女兒聽到我的話，哭聲乍然停止。她一邊吸著鼻子、一邊問：「媽媽，那妳知道原因是什麼嗎？」

「我跟妳一樣，因為她沒有說出來，所以我也不知道。」

「那妳們後來有和好嗎？」

女兒已經忘記了哭泣，追問我。

「當然有啊！她就是上次我們去她家吃火鍋的ＸＸ阿姨啊！妳還記得她嗎？」

女兒狐疑地望著我：「那妳們是怎麼和好的？」

「聯考後，我們在校門口看成績的時候碰巧遇到。是她先叫我的，我很高興，我們就和好了。後來，我問她當時到底為什麼生氣？她說她早就忘記了，可能只是一件很小的事情吧！不過因為當時功課壓力太大，所以她心情不好。」

女兒聽完之後沒有說話。

於是，我接著說：「晴晴現在可能也是心情不好，不見得是因為妳真的做錯了什麼嚴重的事。不過，妳要相信，妳們是認識這麼久的好朋友，所以我想她明天就會忘了這件事，妳們一定還是會和好如初的！」

女兒聽完後，終於破涕為笑，於是我拿了一本繪本講給她聽。沒多久，晴晴也靠過來，一起聽我講故事。半小時後，兩個小女孩又一起去玩耍了。

滿足好奇、安慰別人：我媽小時候也這樣！

我還記得女兒三歲的時候，我順口跟她說過以前家裡遭小偷的故事。她聽得十分入迷，一再問我是不是真的？後來有一陣子，她常常要求我重講那個小偷的故事。我在講了第八百遍時，有次忍不住不耐煩地問：「這有什麼好聽的啊？我已經講過很多遍了啊！」結果，女兒竟靦腆地說：「因為我沒有看過真正的小偷嘛！」

常跟女兒分享我小時候故事的結果是，她現在偶爾也會用「我媽小時候也有過」來勸慰其他小孩。比方說，有小朋友跌倒了，哭得很大聲，她會安慰她：「不要哭，我媽有一次跌一跤還跌斷了骨頭呢！」話說到一半，還會回頭問我：「媽！妳高中跌斷骨頭時，都很勇敢、沒有哭，對不對？」

害得我啼笑皆非呢！

和孩子有聊不完的話題

——延長親子共讀時光

「親子共讀」是這兩年很流行的「教養守則」之一，有很多家長都知道，要跟孩子培養親密的情感、要培養孩子閱讀的習慣，「親子共讀」是很好的方法。

可是，很多家長卻不知道，「親子共讀」不應該、也不能夠只有在「學齡前」進行。

對於已經能夠識字、自行閱讀、小學階段的小朋友，家長仍然要維持「親子共讀」的習慣——因為陪伴學齡後的孩子閱讀，才是培養閱讀習慣最重要的關鍵！

親子共讀不能只在學齡前

很多家長聽到我這麼說，都驚訝地張大了嘴：「不會吧！都自己會看書了，還需要我一個字、一個字地念給他聽嗎？」

沒錯！很——需——要。

當然，跟大小孩的共讀，並不光只是一個字一個字念出來而已。跟大小孩共讀有很多不同的方式與技巧，下面我們可以一一細談。但是我要強調，即使是已經識字的中低年級小孩，仍然非常需要爸爸、媽媽陪伴閱讀。很多時候，他們仍然需要父母將書的開頭一個字、一個字地讀給他們聽。因為，唯有你的陪伴閱讀，才是引領孩子跨越繪本、漫畫，邁入文字書籍的關鍵。

老實說，我早就記不得我幼稚園時期，爸爸媽媽讀過些什麼圖畫書給我聽。但讓我印象深刻的卻是，一直到我國中一年級，爸爸到台北來陪我複習功課的晚上，都還經常陪我讀書。有時候他讀文言的《幼學瓊林》給我聽，有時候會跟我談談他自己最近讀的書；還有一次，一見面他就丟了一本跟字典一樣厚、有著紅布封面、燙金字體的《莫泊桑短篇小說選》給我：「這本書很好看，是我剛在火車站旁邊的地攤上買的。妳先看看，不懂的地方我再給妳解釋。」

我傻傻地接過爸爸丟給我的小說，隔天就沉迷在莫泊桑筆下的殘酷世界。這本爸爸丟給我的書，成為開啟我閱讀世界文學的鑰匙，之後我迷上毛姆、契訶夫、左拉、史坦貝克……這一連串的閱讀經驗，全都從這本法國短篇小說之王──莫泊桑選集開始。

不只是陪伴，也是引導、推薦

為什麼要陪伴孩子讀書？除了他們看不懂字的時候，我們需要把書的內容講給他們聽之外，家長的「讀」，還有「推薦、引導」的作用。

語言，是先由聽、講，再進展至讀、寫。因此，「聽」是第一個接觸的感官。孩子的「聽覺理解」，一定遠超過「閱讀理解」。因此，孩子需要「跟父母共讀」，讓理解力比較好的成人把程度高一些的書籍讀給他們聽，他們的閱讀能力，才能跟著往上提升。

也就是說，已經會識字的孩子們，需要情節豐富、字彙多樣、書寫多元的書籍內容去吸引他們閱讀，但他們自行閱讀的能力卻遠不及此。因此，這個時候家長帶領閱讀，往往是吸引他們進入閱讀世界的重要鑰匙。

另外，很多孩子識字之後之所以對閱讀失去興趣，往往是因為小學所教授的課本，是以識字為基礎而編寫的，而上課內容也僅偏重於生詞、語法的背、寫，讓孩子誤以為這類機械式的「練習」就是「閱讀」，而無法領略閱讀的快樂。

這時，也需要家長引領孩子去體會閱讀的樂趣，選擇一些真正適合孩子心智年齡的作品（台灣的課外選讀通常都太淺，無法吸引孩子興趣），讀給他們聽，讓他知道書中有另一番不同光景的世界，讓孩子重新找回閱讀樂趣。

巧妙設下陪讀陷阱：幫孩子跨越枯燥故事開頭

舉例來說，我女兒現在三年級了，但我依然常常讀書給她聽。通常，她看她自己選的書，我讀我選的書。因此，當她在看《安徒生童話》故事的時候，我讀《湯姆歷險記》。等她發現我讀的《湯姆歷險記》比較有趣、搶過去一口氣看完之後，我下一本讀的就是《小婦人》。當她也把《小婦人》看完之後，我便換讀《孤雛淚》。

我和女兒桐桐之間的對話往往是這樣的：

「媽，妳今天要讀什麼？」

「《魯賓遜漂流記》。」

「啊！媽，那本不好看啦，我昨天翻過了。妳讀別的好不好？」

「沒關係啊！媽媽還是先讀一點給妳聽。這本書是我小時候很喜歡的一本書喔！妳聽聽看好不好？」

通常，她會勉為其難地接受。然後第一天可能會在很無聊的狀況下睡著，因為這類小說的第一章，通常因為要描述故事發生背景或人物介紹，都會有一些冗長的敘述，對孩子來說，欠缺劇情刺激。

第二天，她照例會哀求：「媽，這本真的不好看啦！我們換一本好不好？」我通常都會回答：「快了！快了！精采的地方就快要到了，妳再忍耐一下好不好？」

接著，我會努力加快速度，一口氣讀到劇情開始變得精采的地方。比方說，魯賓遜漂流到荒島上之後，第一件事情就是要找東西吃。……有一天，運氣不錯，他挖到六十個海龜蛋！……然後，眼看她的眼神亮起來時，我就會故作可惜地闔上書：「唉！時間到了，要睡覺了。這本書看樣子妳不喜歡，那我們明天換一本好了！」

這時女兒就會改口：「不用啦！媽，我們明天繼續念這本就行了！」

每次她這樣一說，我心裡就會偷笑，因為我知道，我明天可以不用讀啦！保證她放學回來，就會自己把這本書繼續看下去，一直到看完為止。我的「陪讀陷阱」，通常都十分有效，我建議過學生家長回家照做之後，成效也讓人十分滿意。

有一次，我有個小五學生的媽媽一直煩惱孩子不愛閱讀。我第一次提議讓他寒假試讀猶太女孩的真實故事《安妮的日記》時，那位媽媽真的把書買回來了，但是卻對著我頻頻搖頭嘆氣：「沒有用啦！我兒子怎麼可能看這麼多字的書！而且這本書很深耶！」

我向她建議：「妳試著每天抽十分鐘讀十頁給他聽。或是妳一邊煮飯的時候，讓他讀給妳聽也可以。」

那位媽媽很有心，回家真的照做。寒假後，這位媽媽驚喜地對我說：「妳知道嗎？真是太神奇了！我讀了大概四、五天後，有一天我回家，居然發現我兒子在看那本書！而且後來寒假裡的好幾個下午，他都自己看，一看看很久喔！看完後，他還會告訴我那個女孩怎樣怎樣……」最後，寒假還沒過一半，這個孩子已經把整本《安妮的日記》看完了。

為什麼？她很不解：「為什麼我買的書他都不看，妳推薦的這一本他卻看完了？」我解釋：「因為這本書真的非常好看！只是，剛開始時需要度過前幾章的『過渡期』。而妳陪伴他度過了，所以他對內容產生好奇，發生了興趣，就有動力想要看到結局。」

接著，這個孩子又看了好幾本相當「有份量」的小說。最近，他迷上《水滸傳》。當孩子一旦開始愛上閱讀，影響的層面很大。這個男孩我教很久了，作文一直沒什麼進步，上課態度也不佳。但是經過一個寒假，他不但作文程度大幅提升、上課態度明顯好轉，也變成了一個喜歡閱讀的孩子。

其實這個道理很簡單，就是「吸引力」。選一本劇情精彩、好看的書，念一半，作用就像好看的連續劇看了一半，會被吸引想知道結果，所以他就會自己看完。

這樣做了幾次，孩子就會瞭解，很多好看的書是需要花點耐心閱讀的。於是，經過幾次「練習」後，他就會學到閱讀的樂趣，進而不再害怕看起來「很厚」的書。

練習後，他認得的字越來越多，閱讀速度越來越快，閱讀也就變得越來越容易。這時，他的閱讀功力就自然而然的進步了。他也就有興趣去讀更多、更難的書。

這是一個良性的循環。相反的，如果孩子不曾有過這種「良性的」閱讀經驗，那麼他就無法得到「良性的」樂趣，最後則是遠離閱讀。

不過，「共讀」到這邊，通常還沒完喔！

跳躍性、重複性閱讀也沒關係

通常，進行一本書的共讀時，估量孩子看得差不多了，不妨隨口問問他書中的劇情，好確定他究竟看懂了多少。不過，問的時候要有點技巧，不要讓孩子覺得你在考問她。

比方有次我們在讀《苦兒流浪記》。女兒宣稱她已經整本都看完了，我便隨口問：「喔！妳看完了啊？那猴子死的時候妳有沒有覺得很難過？」

結果她突然一愣：「哎，猴子死了啊？」

我說：「對啊！妳怎麼沒看到？妳有看到狗狗死掉那幕嗎？」她更是一臉愕然：「啊？狗狗也死了啊？」

我笑了笑。原來她為了想要知道結局，所以跳過大部分劇情，直接從後面開始看起，所以當然中間的精采劇情都沒看到。不過，我雖然拆穿了她的謊言，卻也沒責備她，只說：「啊！那本故事很長，妳可以慢慢看。」

很多家長對於孩子「跳躍性」的看書方式很不理解，甚至會生氣，指責孩子根本就沒有「好好看書」。

其實真的不需要「好好看書」。要求孩子「從頭到尾」一次看完並沒有這麼重要。因為孩子在挑選閱讀題材時，一定會先閱讀他最有興趣的片段，對於冗長的描述、看不太懂的劇情，就會暫時先跳過。尤其是如果該本書的程度比較深，孩子更容易出現這種情形。

但是，細心的家長幾乎同時也會發現，孩子經常會不停地重複看一本書。這時候家長又會生氣了：「幹嘛一直看同一本？浪費時間！」其實，這也是孩子的另一個重要的文字學習模式，因為他**必須經由不斷重複的閱讀，把書裡的成語、名詞、語彙，銘印在腦海裡，順道不斷重看上次閱讀時沒看懂或跳過的地方，這就是更深一層的學習**。

舉我自己的經驗來說，《格列佛遊記》是我很喜歡的一本書，從小學一年級到現在，我大概看了不下四十遍之多。每一次閱讀，體會更多，直到現在，我才能領略到《格列佛遊記》中對於死亡的描述、人類昏昧的比喻，是多麼的諷刺而傳神。

因此，孩子們重複不停地看一本書時，不需要阻止他。跳躍地看一本書時，也不必責罵他。不過，家長有必要介紹孩子更深、更廣的書籍，直到他能夠自行開發新書、學習去尋找新的閱讀領域為止。

有家長問：「究竟要共讀到孩子多大，才可以放他自己看書，不用再理會他呢？」**我的想法是，要「幫忙念一點」書的時間，至少拉長到十歲左右；但一起「討論」書的年齡，卻可以延長到無限期。**

親子共讀好處多：開拓話題、增進親情、促進學習

書，是親子間聊天的一個好題材。有時在日常生活中，我們會忽然套用一句書裡的台

詞，然後彼此會心一笑，因為，這是一個旁人聽不懂的祕密，只屬於我們母女。

就像女兒小時候我們都很喜歡一本繪本《蚯蚓的日記》，我每次只要一說：「誰是我的髒寶貝啊！」我女兒就會大笑。人家不知道我們在笑什麼，只有我們知道。有一次兒子從幼稚園也借了這本書回來，不過當我們讀到這一句他就不會笑，反而是讀到蜘蛛那段，他笑得很開心。所以每個寶貝的通關密語不同，也是不同的樂趣喔！

女兒也經常興高采烈地跟我聊起某本書的劇情，或是她的看法，甚至我們可以互相推薦好看的書。

「媽，《貓戰士》真的這麼好看嗎？妳最近都在看這本書，好像很好看的樣子！」

「媽！妳一定要看這本《魔法灰姑娘》，實在是太有趣了！」

「媽，妳小時候也很喜歡《小婦人》嗎？」

「媽，這本《嬰兒島》裡面煮的東西都好好吃的樣子，看得我垂涎三尺！」

書看得多了，女兒不必背誦成語、看成語故事，成語自然用得呱呱叫，出口成章，下筆如行雲流水。除此之外，最珍貴的是我知道我們之間將永遠不缺話題。

小時候，我只要在廁所待五分鐘，就知道我爸最近在看《白話史記》；最近回娘家，廁所裡放的是《儒林外史》。我父親今年已經七十多歲了，仍維持大量閱讀的習慣，每星期固定去圖書館翻閱報紙、期刊，借書回來閱讀。

我從小就喜歡和爸爸聊天，因為我跟爸爸聊天，永遠可以有新的收穫——他腦袋中總有新東西。他從來不喜歡東家長、西家短，也從不翻舊帳、重複嘮叨。他心情好、願意聊天的時候，幽默風趣的言談裡，總有我不知道的東西——因為他閱讀。

多麼希望我和女兒也可以這樣。當我老得不能動的時候，都還有新鮮話題可聊——只要我們持續保持閱讀。

JAN：我家哥哥國二，每晚都和大班的弟弟一起聽故事，不喜歡自己看書，請他唸給弟弟聽也不願意，今年暑假看完《天作不合》和《水滸傳》，這樣他的閱讀會進步嗎？

安儀：如果是大班弟弟和國二的哥哥，我會覺得共讀的時間應該要分開。我在家給姊姊唸書的時間不多，因為她大部分時間自己看，週末才是我讀。但如果一起念，會先念姊姊的；再念弟弟的，兩個人程度不同，所以讀得內容也不同。《天作不合》對國二生來說有點淺，我看過國小五年級孩子的讀書報告寫這本書。《水滸傳》則要看改寫版本。不過一個暑假只有看這兩本書真的不太夠！

小可媽：請問，妳讀書給小孩聽時，都是照字讀嗎？還是會用自己的話加以解釋？我小孩現在一歲半，雖然有些繪本會有故事情節，但我總覺得孩子不懂那些用詞，所以都是我自己看圖說故事講給小孩聽，這樣可以嗎？還是我應該要照著唸？

安儀：都有耶。要看文字的深淺和孩子的年紀。通常如果念了，他「完全」聽不懂，就表示太深，我就會用我的話解釋。但是如果只是少部分不懂，我就不會解釋，按照原作念。因為孩子會學習書中的語言與詞彙，他不懂的地方會問，那時我才解釋。

「一歲半」恐怕還需要用媽媽語言比較能夠懂，因為他還不太會講話。不過到了兩歲半、三歲，就可以完全照書上文字念了。

網友詢問：「直接讀原著作，還是讀改編過的兒童版本好呢？」

安儀：我覺得這要看孩子的年紀去做選擇。有些書原作用詞不深，中高年級的孩子可以直接讀原文翻譯，但有些文字較深或表現形式比較難懂，那麼就不妨先讀改寫的少年或兒童版本。因此，同一本書，家長可以多參考幾本譯作，比方說同樣是《世界文學名著精選》，「企鵝出版社」和「東方出版社」的譯作深度就有差異。最簡單的辨別方法就是「書的厚、薄」，通常比較厚、字比較小的，表示譯作比較貼近原作；字少（或字形較大）、插圖較多、書本較薄的，改寫或翻譯的內容就比較簡單。因此，中、高年級可以選讀前者，低年級可以選讀後者。

網友詢問推薦「適合小學生的書單」

安儀：一年級開始學會拼音，及部分國字，就可以從繪本開始閱讀了。

我給孩子引導的閱讀順序是這樣：

大班以下、一上：繪本

網路迴響

一下：字比較多的繪本
二上：橋梁書、童話
二下：童話、民間故事、沒有圖畫的文字故事書
三上：少年小說、名著改寫
三下：少年小說、名著改寫、文言譯本、寫給兒童的散文（冰心、琦君、林海音……）
四、五：長篇小說、深度青少年小說、名家散文
六以上：（除暴力色情外）不限內容

網友詢問推薦「適合小三閱讀的書單」

安儀：我現在給三年級女兒讀的有：「東方」世界少年文學精選、「小魯」紐伯瑞金獎系列的少年小說、「台灣東方」跨世紀小說精選（她剛看完《十三歲新娘》，是一本描述印度小女孩的故事）、「格林」琦君的散文（桂花雨、玳瑁髮夾……），她在學校自己借的有《天方夜譚》、《神奇樹屋》等。孩子自己選書會比較淺，大人選書不妨深一點點、好看一些，通常她也願意閱讀。

網友詢問「如何寫讀書心得？」

安儀：「讀書心得」報告我通常會建議學生朝幾個方向去想：

一、喜不喜歡這本書？為什麼？（通常是喜歡，不然不會拿來寫心得報告啦！）
二、最（不）喜歡哪（幾）個角色？為什麼？
三、最喜歡故事劇情的哪個段落？為什麼？
四、妳對這本書有沒有不滿意的地方？如果照你的意思修改，妳會把它改成什麼樣子？（或是你注意到他有沒有特殊的寫作技巧、佳句、或是繪圖技巧？）
五、這本書讓你聯想到什麼事？什麼朋友？或是生活中的哪一段親身經歷？

六、這本書讓你體會到什麼樣的道理？（或是你覺得它是在述說什麼樣的道理？）你覺得贊同嗎？

通常幾乎每本書都可以套用這六點來寫心得報告，就可以寫出一篇還不錯的心得。

有個女兒念小三的網友提到三個問題，一是「覺得自己女兒對任何事都提不起興趣，做事慢吞吞，連功課也得花二至三小時才完成，鼓勵或責罵都效果不彰，挫折感很大，也發現她的專注力似乎很差，是否該看醫生？」二是共讀時，「和孩子討論一些詞句，她似乎仍不完全了解意思，這樣有需要一直解釋嗎？還是要讓她從前文後語中，自行大概了解意思就可以了呢？」；三是「看完一本書後，您都會讓女兒分享其中的優美句子或寫下心得嗎？」

安儀：一、如果孩子做功課比較不專心，我建議媽媽還是可以坐在旁邊。妳不妨在旁邊也看你的書，像我是常常坐在孩子旁邊改我的作文，一面陪她做功課，但不用盯著她。等到全部寫完再一起訂正。但如果集中精神的狀況真的很差，學校老師也有反映，那就需要帶去評估鑑定。

二、不懂的意思，鼓勵孩子問。但此時的閱讀，學校已經重在「精」，所我覺得平時應當重在「量」，讓他自己從上下文去猜意思，多看幾次就懂了，也就會模擬著使用，所以不需要強迫他完全瞭解。

三、不需要。我跟女兒最多的對話就是：「這本好不好看？」如果她說：「媽，超級好看！」我就會問她內容講些什麼？通常就這樣而已。閱讀不必太功利，找到樂趣最重要。

你以誰為榮?!

——小心無心傷了孩子的心

五歲的青青口齒伶俐，吵架功力高強，每每令爸媽佩服得嘆為觀止；把姊姊氣得張口結舌。

伶牙俐齒小惡魔

有一天，我氣他吃零食、不吃飯，於是很無聊的故意捉弄他：「你看，你都不吃飯，將來長不高，變成矮冬瓜！哈哈哈！將來人家就會笑你：矮冬瓜～矮冬瓜～矮冬瓜～」

沒想到，我兒子竟昂然揚起一張小臉，義正嚴詞地指責我：「我是妳兒子耶！妳這樣對待妳的兒子對嗎？妳這樣是一個好媽媽嗎？」

害我一時語塞：「……呃，對，媽媽不應該嘲笑你……」（臉上三條線）

還有一次，某天半夜我在電腦前趕工。青青到書房找我抱抱，哭鬧不休，我哄半天哄不住，火大了不免臭罵他一頓，趕他回房睡覺。他心有未甘，回房坐在床上繼續哭。

被吵醒的爸爸睡眼朦朧：「唉呦，你不要再哭了好不好？」

但個性執拗的青青還是「嗚……哇……」地越哭越大聲。爸爸不耐煩了，提高了音量：「你已經哭很久了，可以停了嗎？」

青青一邊哽咽一邊回嘴：「我為什麼不能哭？嗚……我沒有哭的權利嗎？嗚……你小時候被媽媽罵的時候，難道不會哭嗎？」

振振有詞的他不但精通辯論邏輯，連「權利」都說出來了，連爸爸也無言以對，只好翻身睡覺。

不過，青青的伶牙俐齒看在爸爸媽媽的眼裡雖然十分有趣，但對於姊姊來說，卻是一個壓力，這一點，起先我們都沒有注意到。

直到有一次，女兒桐桐嚴重的情緒反彈，才讓我赫然領悟，我們經常讚賞弟弟口舌靈便，對個性質樸的姊姊十分不公平，也在無形中貶損了她，讓她非常受傷。

大人無心的行為，卻對孩子做出價值判斷

那一次，姊弟倆不知道為了什麼事在吵架，姊姊生氣了：「我最討厭弟弟了！我想要一個妹妹！媽媽，妳給我生一個妹妹好不好？」

聽我解釋了媽媽懷孕前，並不能預知肚子裡的寶寶是男還是女之後，她想了半晌：「好吧！如果是像沛澤（朋友的兒子、一個一歲半的可愛小男孩）那樣的弟弟，也就還可以。」

姊姊才說完，青青立刻反應很快地回嘴：「哼！沛澤長大了之後還不是跟我一樣！」

聽到青青人小鬼大的妙答，我忍不住大笑起來。

如此一來，姊姊更生氣了：

「哼！我告訴你，你放在我那邊的錢，我統統不還給你了！」（因為八歲的姊姊有錢包，也比較會算數，所以平常弟弟的零用錢都存放在姊姊那邊。）

沒想到弟弟不但不怕，還理直氣壯地說道：

「好！妳不給我錢，那將來我長大變成乞——丐——都是妳的錯！我沒錢吃飯，跟人家搶食物搶不到、餓死了，都是妳的錯！」

這下姊姊真的傻眼了，完全不知道該怎麼回話！我則在一旁忍不住又好氣又好笑，心想：「這五歲的小傢伙，還真會強詞奪理呢！」

當下，我並沒有意識到，我無意間的笑意，即將引發女兒的情緒崩潰。

一會兒之後，我有事要找女兒，卻突然發現她不見了。我在家裡樓上樓下的叫她，她都沒有回答，直到後來，我才隱隱聽到衣櫃裡的啜泣聲。

我打開櫃門，發現姊姊躲在衣櫃裡哭得很傷心。

「怎麼啦？」

起先她不肯說，經過我耐心的追問，女兒才終於邊哭邊說：「弟弟很會講話，所以妳跟爸爸都『以他為榮』，對嗎？」

當下我立刻驚覺自己犯了一個大錯。

孩子口齒伶俐，當然是一種機伶的表現，聽在大人耳中，一方面覺得好笑，另一方面也難免有點「這個孩子很聰明」的讚賞之意。於是有時候不免會當作笑話轉述給其他家人、朋友聽，或是當下忍不住就會笑了起來。但我卻沒注意到，在這樣的過程中，我無意中讚美了弟弟的語言能力，卻也等同於貶損了姊姊。這讓姊姊覺得我有所偏袒、不公平，也等於變相鼓勵孩子逞口舌之能——這的確是我的疏忽。

於是，我力圖挽回這個過錯。

當下明快解釋、虛心道歉

首先，我將她抱在懷中，吻了吻她濕濕的小臉蛋，柔聲對她說：「不是這樣的。」「對不起，媽媽剛剛的笑讓妳誤會了。媽媽並不是贊同弟弟的話，或是認為他講得很有道理，只是因為你們在吵架，弟弟說的話很好笑，所以我笑了。」

女兒還在抽抽噎噎地哭著。

我繼續解釋：「弟弟的確很會說話，這是他厲害的地方。但是，妳也有妳厲害的地方啊！媽媽覺得妳的心胸很開朗、很誠實，這一點是很棒的，媽媽很喜歡。我認為，這比很會說話更重要。一個很會說話的人，將來不一定是一個大家都喜歡的人。」

「真的嗎？為什麼？」女兒懷疑的地問。

「這是真的！一個很會講話的人，不一定講的是真話，或是真心話，所以不一定能夠贏得別人的信任，別人也不一定會相信他。但是，一個老實的人，雖然不太會說話，但是卻能夠讓別人相信他。一個能讓別人相信的人，將來才會是一個成功、受歡迎的人喔！所以，會講話固然是優點，但有時候也是缺點，要看他用在什麼地方。」

女兒聽完，這才破涕為笑，高高興興去看卡通〈小天使〉了。

這次事件，讓我深自引以為戒：**大人的讚美或貶損往往無心，可是卻傷害孩子甚深，所以我們要格外注意語言的殺傷力。因此在轉述或評價孩子們的行為時，最好盡量避免讓**

孩子聽到、看到。比方說，在跟學校老師談孩子的問題、或跟別的家長聊天、跟親戚朋友聊天八卦說起孩子的事時，一定要注意，要避開孩子，或是暫時忍耐等孩子離開再說。孩子都有一顆敏感脆弱的心，很容易受傷。

而萬一我們不小心傷了孩子的心，也一定要明快的當下解決，解釋原委並向孩子道歉。切記，該向孩子說明或道歉的時候，絕對不要逃避，或是端著大人的架子，惱羞成怒再繼續痛罵小孩一頓！這只會讓年幼的孩子更分不清是非黑白、年輕的孩子瞧不起你、年長的孩子更痛恨你。

很多大人當了長輩以後，總認為向孩子道歉會讓孩子騎在頭上，無法無天，而拉不下臉來跟孩子說一聲：「對不起。」其實，這個觀念是錯的。**孩子的心其實很柔軟，當你向他道歉，他絕對不會像成人一樣，把這件事拿來炫耀、覺得自己很了不起，爬到你頭上、欺侮你……孩子總是會原諒犯錯的父母，而且更愛你。**

懲罰與抱抱

——愛與管教的一體兩面

有一次，我去參加「新眼光」電視台錄影時，談了一個話題：「適當管教」。《親子天下》的總編琦瑜講的一句話，讓我印象深刻，就是：「無論是哪一種管教方式，最重要的就是要讓孩子感受到管教背後是父母的『愛』，而非只有『懲罰』。」

管教的背後是「愛」

每次在談教養觀念時，很多人都會問我：「妳打不打小孩？」或「贊不贊成體罰？」老實說，我覺得要做一個完全不生氣、不動手、不發怒的父母真的很難，人難免都有情緒失控的時候，更何況是跟小孩朝夕相處的媽媽。

另外，管教小孩時有時候也需要靠「懲罰」來建立界線。可是，無論是我們這一代小時候經常品嘗的「竹筍炒肉絲」，或者是現在大家所謂不打不罵的「愛的教育」，重要的是，**父母必須要讓孩子感受到管教的背後是「愛」，而非冷漠、孤立、報復，或是以「愛」為名但出發點卻是逞大人一己之私欲的「假愛」**。

小孩是弱勢的。大人有時候單方面發洩一時的情緒，或者是以管教為表、實質是拿孩子來出氣；甚或大人自己心態不平衡而用言語或體罰折磨孩子……這些都是沒有「愛」的管教，很容易就讓孩子感到委屈、不平、不滿、憤怒。忍氣吞聲長大的孩子，親子關係嚴重受傷，在這樣的狀況下，逆子弒親也就不足為奇。

可是，在處罰孩子時，要怎麼樣讓孩子知道，妳是愛他、為他好？這一點其實並不容易。尤其孩子在被責罵時，往往會誤以為你的愛有條件：要乖乖聽話、考一百分、要按照媽媽的要求去做、好好練琴、寫功課……媽媽才會愛我，否則媽就會不愛我、罵我。在這個狀態下，孩子並不能體會你的責罵，其實是一種「愛」。

驗證媽媽的愛：哭天搶地來索吻

某個星期日，我去台中演講，孩子們的爸爸週末帶他們去新竹露營。演講結束，我匆匆趕到新竹跟他們會合。我很開心見到兩天不見的孩子們，於是在車上興致勃勃地轉頭問坐在後座的女兒：「好玩嗎？你們這次有去玩滑水道嗎？」但是女兒卻低頭看著她的腳，完全沒有理我。她不動如山，眼也不抬、嘴也不張。

後座一片靜默。我連續問了三次，都得到一樣的結果。空氣似乎凝結，連坐在旁邊的朋友小孩，都尷尬地盯著我和女兒，一副「看你們什麼時候會吵起來」的表情。所有人都不明白，女兒為什麼故意不回答我的詢問？然而，她仍然低頭看著她的腳、不理不睬。

我被澆了一頭冷水，心裡當然十分不悅，於是我回頭坐好，無奈地聳聳肩說：「好吧！既然妳不想理會我的關心跟問候，那就算了。媽媽不會再問了。不過我要告訴妳，『裝作沒聽到』這種行為，十分不禮貌，讓人感覺很不舒服。」

女兒聽到我語氣不悅，才不情願地抬起頭來：「我剛剛在看我腳上的傷口，沒聽到妳說話嘛！」

我本來已經不太高興了，一聽這句話更是火冒三丈！這明明是一個爛藉口，因為剛剛車上再安靜不過，依照我三次說話的音量，除非是個聾子，否則絕對不可能「沒聽見」。

於是，我勉強壓抑心頭怒氣，說道：「好吧！算妳沒聽我講話我沒回答，也是因為我『不小心沒聽見』喔！」

女兒聽出我話中有話，「以其人之道還治其人之身」的意味明顯，便哭起來：「好啦！對不起啦！下次妳跟我講話時，我不會不理妳了！」

我正準備要曉以大義時，剛好車子已到目的地，我便先下車。女兒立刻靠過來，伸手握住我：「媽媽！牽我！」

其實我心裡還是有點不高興，不過我一向秉持的處罰原則就是，孩子已主動道歉認錯，我便立刻「既往不咎」，不要讓自己的情緒破壞接下來的氣氛。於是，我依她的話「牽」著她往餐廳走去。不料，就在這時，女兒竟又一把眼淚、一把鼻涕地拉住我，一邊哭一邊說：「妳『牽』我！我要妳『牽』我！」

我覺得莫名其妙，一邊走一邊回答：「有啊！我已經『牽』妳了啊！」

沒想到，女兒仍邊哭邊跺腳、停在路邊口齒不清地喊：「不是，我要妳『牽』我！」

我簡直是一頭霧水。這時，旁邊的朋友小孩見狀便幫忙解釋：「安安阿姨，桐桐是要妳『親』她、不是『牽』她啦！」

我低頭一看，果然看到女兒一臉的眼淚鼻涕，卻眼神堅定地把頭仰得高高的，等著要我「親」她。我被突如其來的「索吻」給弄傻了！看她那委屈、倔強又一臉堅持要我親她的表情，實在很好笑。於是，我雖然心裡仍然有點生氣，但還是順從她意地彎下腰、在她那濕漉漉的圓臉上用力親了一下。

事後，女兒滿臉眼淚、卻仍然「倔強索吻」的這件事，一直留在我腦海裡。

直到那天錄完節目，**我才恍然大悟，女兒當時的索吻，便是典型的「被責罵時，依然要確定媽媽還是愛我」的證明。她想要知道，我在盛怒之下，是否依然愛她？因此，她用「媽媽願不願意親我」這個辦法驗證。**

在她小小的心眼裡，一定是這樣想的：如果媽媽親了我，那麼表示媽媽雖然生氣，但仍然愛我。若是媽媽不肯親我，那麼她一定是因為我做了不好的事，所以不愛我了！想當然耳，這樣的拒絕對孩子來說，是很大的打擊：她小小的腦袋可能會因此而覺得，媽媽的愛，是有條件的！

我女兒性子憨直，是個「有話直說」的小孩，雖然她已經九歲，仍然會用這樣有點「幼稚」的方式驗證媽媽的愛。有些孩子不若她直接、憨厚，可能會用其他較為迂迴的方式去驗證。

這時，媽媽的態度就很重要了！妳是否接收到孩子想要「確認」妳「愛的訊息」的要求？在處罰過後，突然要求妳的抱抱、親親，問妳還愛不愛他？或是故意倔強轉頭不理你、希望妳去安撫他？他希望的正是妳「愛的保證」，讓你的責罰後面，充滿著他感覺得到的「愛」。

這時候，千萬不要因為還在氣頭上而故意回答：「你不乖、我不愛你！」請不要吝嗇給孩子一個愛的保證：「我不喜歡你剛剛的行為。但是，我還是很愛你。就是因為愛你，所以才要教你、糾正你。」

清楚樹立界線，同時展現貼心的體諒

我還記得，國一時爸爸有次教我數學，因為我態度不佳，他氣得拿延長線鞭打地板，沒想到厚實的橡皮線向上彈起，剛好落在我的耳殼上，打裂了我的耳朵！倔強的我任鮮血濡濕了頭髮，一聲不吭。最後是媽媽發現我擦耳朵的毛巾鮮血淋漓，才一邊責怪爸爸、一邊仔細幫我將耳朵包紮起來。

然而，我印象很深刻的卻是當天夜裡，爸爸一連起來好幾次，看看我睡覺時有沒有壓到耳朵的傷口。雖然我裝睡不理他，心中卻已經接收爸爸的歉意。隔天，爸爸帶我們全家去野生動物園玩，我心裡知道，他那一鞭，並非「怒」，而是「愛」。

回想我的童年，在接受父母嚴厲管教的同時，我也接受到他們付出的愛。媽媽雖然兇，但是很喜歡跟我聊天、開玩笑，爸爸雖然對我的功課要求嚴厲，但他經常帶我出遊、每天睡前讀故事給我聽。在受到嚴厲要求的同時，我仍然擁有雙親很多的愛。因此，我知道，父母是愛我的。

我想，讓孩子感受到「愛」，的確是管教上很重要的一點。孩子不能夠只有嚴厲的管教，而沒有溫暖的懷抱。孩子需要雙親清楚樹立的界線，也需要雙親柔軟貼心的體諒。愛與管教，必須是並行的。這樣的孩子，才能體會什麼是「愛的管教」呀！

網路迴響

網友詢問：「不能嚇孩子，又要訓練孩子膽識，這兩者要如何兼顧？」

安儀：我覺得，訓練膽識必須在有充足的安全感之下，孩子有足夠的成熟度時，才會自然發展出來。

我的老大不怕黑、膽子大，是因為我從未講過鬼故事、虎姑婆、大野狼，或是以警察、醫生來嚇孩子，更從未將她單獨放在黑暗之中，或是關廁所、丟下水等。所以我們露營時，五歲的她敢一個人半夜起床，繞過操場般大的營地，撐著雨傘去上廁所。在小溪裡玩，她可以從很高的地方跳下也不害怕。

我兒子小時候十分膽小，兩歲多時連溜滑梯也不敢玩。但他現在可以一個人從很高的吊環上雙手輪替「渡河」，也不怕水了，重點就在於我們等待，並不強迫他。等到他的自信心夠了，願意嘗試時，我們鼓勵他。

我小時候內向害羞，所有老師給我的評語就是這樣。但成長過程中，我得到的自信越來越多，也越來越有膽識。爸爸經常鼓勵我去嘗試、媽媽給我很多讚美，造就現在很有自信的我。

網友詢問：「該怎麼控制自己的情緒不要爆發呢？」

安儀：每個人都有情緒，有時候我也會亂發脾氣，不過如果是這樣，事後我都會跟孩子解釋為什麼我會很累、很生氣。我會對他們說媽媽不是故意要發脾氣、打人、罵人，但也希望他們可以體諒我。避免情緒爆發真的很難，可以試試：

一、深呼吸；

二、即將生氣時先給孩子一個警告：媽媽現在很累可能會發脾氣，你們最好不要再這樣做；

三、數一、二、三，給孩子即時回頭的機會，也讓自己先忍一忍；

四、先想一下自己現在情緒為什麼不好，試著先解決自己的問題：餓、累、壓力大、尚未放鬆……有時候喝杯水、坐一下，情緒就過去了。

爸爸的記憶

——父親對孩子教養的重要性

鉛筆注記滿滿都是父愛

整理書櫃時，無意間發現讀者推薦的《世界歷史》（小魯出版），我家竟有一整套！原來，那是我弟弟妹妹小時候的書，爸爸不知道什麼時候搬來我家。因此，我試探性地拿了一本當床邊故事，講給五歲的青青聽。沒想到，這套還頗有深度的世界歷史，經過我的解說，什麼長江、黃河，蘇美人、巴比倫人、楔形文字……他倒也聽得津津有味。

這套書是我弟弟、妹妹小時候留下來的，我沒看過（妹妹跟我差十二歲，她出生後沒多久，我便離家北上就學）。一邊念、我也趁機一邊重溫世界歷史；很高興又找到一本適合母子共讀的床邊故事。

念了幾頁，突然發現書上空白處，有鉛筆的注記：「78. 3. 6讀君」、「78. 3. 8.讀漢」——那是我父親娟秀的字跡。每隔幾頁，就會在一個鉛筆注記的下引號後出現。

我稍微想了一下，立刻就明白：這些鉛筆字跡，一定是爸爸當年讀書給我弟弟、妹妹聽時所做的記錄。爸爸白天工作忙碌，但是每天晚上睡前一定替我們讀半小時的床邊故事。我猜，他大概是為了怕自己忘記前一天或前幾天讀到哪裡，便隨手用鉛筆在讀過的片段後記下讀書的日期，以及是讀給誰聽的。

那一剎那，我心裡覺得很感動，看著書的眼眶不禁濕潤了。我指著注記對孩子說：「你們看，這是阿公的字喔！」孩子們傻傻望著我，不知道媽媽為什麼哭了。

父親的字跡，深藏著教養的印記

算一算，民國78年，我念大一，妹妹才七歲。爸爸每天讀一段世界歷史給兩個小傢伙聽，他的心情一定跟我現在一樣。他一定也是一邊讀，一邊想辦法用一些孩子比較容易懂的語言，去解釋什麼是「文化」、什麼是「文明」；他一定也和我一樣，希望在讀故事的過程中，讓孩子了解書中世界的美好。

隔幾天，剛好妹妹去烘焙教室找我，我和妹妹閒聊時提到這件事，妹妹說她已經不太記得爸爸讀《世界歷史》的這些事了，不過她倒是記得，爸爸不論讀什麼書給我們聽，讀到最後一定都會打瞌睡，印象就和我小時候一模一樣。

我半開玩笑對妹妹和旁邊的朋友說：「看到爸爸二十年前的字跡，很感動，所以……這是我們一定不會棄養我老爸的原因！」

妹妹和旁邊的朋友都笑了，她們都了解我的意思。我爸爸當然不需要我養，他比我有錢；爸爸也不黏小孩，他一直都有自己生活的方式：種花、看書、寫字、畫畫、看展覽、旅遊，過得充實而健康。

但是，他對我們的付出，我們看到、知道，也記得。這就是「父親的記憶」。

從小，爸爸花了很多時間陪伴我們。他從不以工作、應酬，做為在孩子生活中缺席的藉口；爸爸也花了很多時間關心我們，他親自盯我的功課、引導我閱讀、帶領我出遊、跟我討論人生議題。

我寫日記的習慣，是因為爸爸要求而養成的；我喜歡讀書，是因為爸爸從小為我們說故事，一直說到我國中一年級；我的第一部電影，是爸爸帶我去看的《真善美》；我的第一場音樂會，是爸爸帶我去聽的「維也納兒童合唱團」；我每年暑假去ＹＭＣＡ（基督教青年會）學游泳，是因為爸爸的堅持而持續的；而我小時候在學校寫的每一篇作文，爸爸也一定親筆再批改一次。我第一次下圍棋、象棋，是爸爸教的；我第一次打橋牌、羽毛球，也是爸爸教的。

我爸爸這輩子都待在研究機關，工作表現有目共睹，但是他從來沒有因此而忽略我們。爸爸不但很少在晚餐桌上缺席，下班後也幾乎不曾「背對」著我們坐在電腦、電視機前。爸爸不喜歡我們看電視，因此晚上吃過飯後，他總是花所有的時間跟我們玩各種遊戲、牌戲、讀書、寫功課，或者只是出門去走走。就連他外派出國的時候，也不忘寄回英文繪本，在扉頁上寫著：

「小安安，好好讀書、寫字，將來做一個有用的人。」

他還在故事書上詳詳細細寫上中文翻譯，讓看不懂英文的媽媽，也可以講給我們聽。直到現在，這些留有爸爸字跡的繪本，我都還珍藏著。

我很感謝爸爸在我童年時期，奠定我的閱讀、寫作、音樂、藝術、運動的習慣。爸爸對我影響甚大，這一點，不容置疑。

我家也有聖誕老公公：失去權威的爸爸

相較於我的爸爸，我孩子的爸爸，也就是我先生，則是道道地地所謂「為家庭打拚、一星期難得跟孩子講兩句話」的爸爸。

有一次，PLAY GROUP在我家聚會。聚會時，女兒搶了別人手上的東西，難得她爸爸那天剛好在家，於是他提高了聲音，試圖制止她。

我眼角餘光瞄到女兒顯然不願意服從爸爸的指令，在那邊拖拖拉拉、嗯嗯唉唉的，但因為我手邊正在忙著其他事，便沒有理會他們，心想反正她爸爸處理就好。結果，一會兒，旁邊的朋友碰碰我的手，努努嘴叫我看我女兒：「妳看，妳女兒一直在看妳。」

我抬眼看女兒，果不其然，她一面嘴巴不服氣地頂撞爸爸：「是我先拿到的……我不要還給她啦！」一面不停地偷瞄著我。直到我抬起頭對她說：「不要再說了！明明就是妳搶別人的東西，趕快還給ＸＸ！」她才心不甘情不願地照辦。

事後，朋友對我說：「妳女兒比較怕妳。顯然妳老公的話，對她沒有作用。」我聽了之後，無奈地點點頭承認。因為他在家的時間實在太少了，不但跟孩子「不熟」，只能當孩子眼中的「聖誕老公公」——因為虧欠，所以喜歡用小禮物或小零食賄賂小孩。

我兒子更誇張。有一次爸爸罵他，他竟當著他爸爸的面，轉頭跟別的小朋友說：「沒關係啦！我爸爸罵人很好笑喔！一點都不可怕！」真是不給他老爸面子！

老公時常跟我抱怨，他沒有什麼權威。我們家是典型的「嚴母慈父」，我是「法律」，爸爸是「法律假期」。比方說，我規定每天只有上床前半小時可以看卡通或電視，但只要我晚些回家，爸爸負責陪她入睡，就一定就會讓她看電視看到過癮為止。父女倆還會一起看韓劇，討論哪個女主角比較漂亮。因為他永遠也記不得女兒必須九點半前就寢，常常氣得我吹鬍子瞪眼。

又比如說，我是幾乎不進便利商店的，出門一定自己帶開水，平常也很少給小孩喝飲料。但是只要他們跟爸爸出去，就一定會買泡泡糖、零食、飲料，然後換一堆「媽媽最討厭的便利商店小玩具」回來。因為，爸爸本身就是零食的愛好者，平常最喜歡喝可樂，所以跟爸爸出去一定可以吃香、喝辣，外帶一堆零食飲料。

偶爾媽媽忙，換成爸爸照顧，兒子、女兒便享有許多豁免權：練琴可以亂拉一通，反正爸爸也聽不懂；功課隨便寫寫，因為爸爸說全部寫完就行了；早上起床可以不必梳頭，因為爸爸不會綁辮子；放學回家東西可以亂丟，反正平常收拾家裡的人也不是爸爸──老爸亂丟東西的習慣，比女兒還要更勝一籌！

因此，他們屬於同一國，我好像是三個小孩的媽。每次我責備小孩時，不免也連著先生一起罵。偶爾先生擺出威嚴、兇狠地罵小孩時，我往往又覺得他太兇了：小孩沒犯什麼錯，幹嘛亂發脾氣？於是便護著孩子、制止他發脾氣。久而久之，爸爸的威嚴盡失。孩子們都知道，爸爸罵人不算數！只有媽媽的話才得遵守。這，到底該怪誰呢？

不想和孩子變成陌生人，爸爸也要試著改變

朋友指出這個事實之後，我深思了許久：「爸爸對孩子教養的重要性為何？」讀過兒童心理學書籍的我當然知道，孩子的成長中，需要許多成人的陪伴，除了給予教育、照顧和關愛，他們也需要模仿成人的行為模式。因此，小男孩要有爸爸做為標竿，將來他會學習爸爸呵護女性、打球運動、照顧家人，學習做個男人。小女孩則會因為享受到父親的溫柔，進而發展出嬌柔、女性的一面，將來才會成為一個女人。我們看到許多社會案例，有暴力父親的家庭，男孩往往也會有暴力傾向；而父親過於軟弱的家庭，男孩也往往較為陰柔。

因此，我竭力希望我跟另一半在家庭關係上，是維持平等的。不過，這點我顯然做得不夠好。我的強勢讓「管教天平」失衡，讓個性溫和的老公比較吃虧，再加上他與孩子互動較少，所以即使孩子極其年幼，也立刻很聰明地看出了這一點，選擇「怕媽媽」而不是「怕爸爸」。因為在我們家，就連「爸爸也怕媽媽」。

另外，我們也知道，獨居老人中，男人比女人多，主要就是因為男性長年在外工作，將注意力放在事業上，往往忽略了親子關係，沒時間陪伴孩子，造成親子關係疏離。將來年紀大了，想要跟孩子親近，才驀然發現這個孩子竟像個陌生人般冷漠。

這一點，我一直很在意。可能因為我有個「模範爸爸」吧?!我一直努力鼓勵先生，希望他能夠像我爸爸一樣，多付出一點心力陪伴孩子。以前，他上班時間很長，幾乎沒什麼

時間陪伴孩子，所以孩子都黏我、不願意跟他親近。直到他換了工作，比較有時間在家，這個情況才有所改善。兒子從剛開始不願意給爸爸洗澡、講故事，到現在可以一整天跟著爸爸；女兒在我忙的時候，可以改由爸爸「陪睡」；這些，其實都是做爸爸的進步。

當然，我也開始學習放手讓另一半獨立照顧孩子，忍著不插手。包括：不再責怪爸爸檢查的功課錯很多，或者相信他可以獨自處理孩子的情緒，並盡量在孩子面前跟先生站在同一陣線。即使對先生的管教有意見，我也改在孩子的背後再跟他討論或溝通。

我一直不停地提醒自己：必須相信他有能力獨自照顧孩子，因為，他是孩子的父親。

有次我看到一本親子書，讀到一段我覺得很荒謬的理論：做媽媽的應該要經常告訴孩子，爸爸有多愛他。媽媽要找機會多告訴孩子，爸爸愛吃什麼、爸爸不喜歡吃什麼、爸爸喜歡做什麼、不喜歡做什麼。另外，媽媽要每天告訴爸爸，孩子今天做了些什麼？他現在迷上什麼？最近有什麼問題？總而言之，這個作者認為，母親必須是爸爸跟孩子之間的橋梁，爸爸跟孩子之間的重責大任，都在媽媽身上。

我很不以為然。所有的「親情」如果可以用這樣「介紹」的方式去獲得，那麼這個爸爸跟路上其他的爸爸甲、爸爸乙有什麼不一樣？孩子經由這樣的「介紹」，將來會跟爸爸親嗎？真是完完全全的胡說八道。

我相信一個家庭中，爸爸跟媽媽同樣重要。

爸爸跟媽媽需要付出同樣的時間去陪伴孩子，爸爸跟媽媽也必須站在一致的立場教養

孩子。雖然，爸爸跟媽媽是不同的個體、有不同的個性，也有不同的優缺點，但我想，他們都可以選擇用自己的方法，變成孩子最親愛的父親、母親。

父母角色扮演不需制式化，互相能搭配求進步就好

前兩天，我下午在幫女兒檢查功課時，因為她吊兒郎噹的態度而大發了一頓脾氣，我像失控的母老虎一樣對著她大吼大叫，甚至氣得拿出「家法」來準備要修理她！女兒最後邊哭邊改作業。晚上，老公對我說：

「妳出門後，女兒跟我說，妳下午好兇喔！我也覺得妳太兇了！」我沒說話。其實我心裡也有點過意不去。

不過，老實說，那一刻我很高興聽到女兒會跟爸爸分享心裡的感覺。畢竟，人非聖賢，孰能無過？我也是個凡人，也有情緒不好的時候。但是，孩子還有爸爸！

當我犯錯時，爸爸的溫暖可以安撫她。我相信，孩子並不一定需要一個權威的爸爸，但他們一定需要一對願意陪伴他們、深愛他們的爸爸媽媽。

爸爸們！加油吧！

PART 2

生活大小事不放過，就是要聊天

——孩子，我想和你有聊不完的話題

女兒的才藝課

——培養終生技藝的種子

我小時候，像我一樣在課外上才藝課的小孩不多；但是到了我們的下一代，卻變成「沒有」上才藝課的小孩不多了。

談到「才藝」，有親子專家說，一個孩子一輩子要學兩種「才藝」，一個是「動」的，一個是「靜」的。我不喜歡把孩子需要學的東西稱之為「才藝」，但我強烈主張孩子應該要從小要培養至少一種鍛鍊身體的「運動」，以及一種「休閒嗜好」。

怎麼說呢？

才藝可能會成為終生技藝

我們不妨這樣檢視自己的生活：如果有一天，你年紀大了，沒有了工作，孩子都長大了，老伴也走了，扣掉電視、逛街、購物，你還有沒有熱愛生活的理由？你可不可以自己一個人活得很快樂？你的生活還有目標、重心以及期待嗎？你可以不依靠別人的陪伴，也不覺得寂寞無聊嗎？

如果你的答案是肯定的，那就不用擔心，否則，你最好趕快培養一個「才藝」——休閒嗜好，否則你老的時候，失去了親人的陪伴，萬一兒孫又遠在他鄉，那就只剩下無盡的淒涼。

這時候，我就很感謝我的父母在我很小的時候，協助我找到了我喜歡的興趣與嗜好：我熱愛閱讀、寫作；我喜歡爬山、游泳；我可以彈琴、畫畫。即使我一個人在家，沒有什麼錢，也沒人陪伴我，我也可以自己找到很多樂趣。

我喜歡這樣的人生。

我對於孩子學習「才藝」抱持的看法就是這樣。

女兒曾經問過我：「媽媽，妳為什麼要讓我學小提琴、溜冰、畫畫……？」

我回答她：「因為，媽媽希望妳以後可以懂得欣賞好聽的音樂、觀賞美好的畫作、擁有美好的姿態與強健的身體。媽媽也希望協助妳早點發現自己的專長和興趣，將來不用繞好大一圈的冤枉路。」

我還附加一句：「所以，媽媽希望妳多多嘗試，但是如果妳真的不喜歡哪一門課，也要趕快告訴我，不要浪費我的錢。」

運動，對人的重要不用再說；一個正當的休閒嗜好，不但可以受用一生，有時也能為自己開創事業第二春。

如果這個休閒嗜好跟「美」有關，更可以怡情養性，陶冶氣質。因此，我很願意讓我的孩子嘗試不同的領域，多看一些令人著迷、有趣、需要「基本技術」的休閒嗜好。**我希望在她嘗試的過程中，可以真正找到自己喜歡的、受惠終生的專長或嗜好。有朝一日，當她不需要為金錢奮鬥、不需要為工作努力，不需要為家庭犧牲、不需要為生活苦惱時，她不至於迷失了自己，找不到快樂的方向。**以免有朝一日，當她失去了青春、失去了美貌、失去了掌聲、失去了舞台時，她就覺得失去了一切，成日惶惶然不知所措。

因此，我的兩個孩子小時候都嘗試過很多「才藝」與「運動」。女兒試過跳舞、溜冰、踢足球、打桌球、游泳、爬山、拉小提琴、畫畫、寫作、烘焙，兒子則上過圍棋、直

排輪、小提琴、足球、畫畫。我並不認為這些課程都要「精通」，我只是希望他們知道世界上有這些好玩的事物，或許他們可以從中找到他喜歡的部分。學來當作「才藝」，

藉由學才藝更了解孩子的特質

我從來沒想過，女兒將來要成為一個溜冰達人或樂壇名家、寫作高手，兒子要成為運動獎牌得主、圍棋明星。我只是從旁觀察，哪些東西他們可以不費吹灰之力就完成，哪些東西他們顯然不在行、也沒有興趣，進而得知他們的長處、優點，更加了解他們。

比方說，女兒溜冰三年，我很清楚看到，女兒的特長並不在於肢體的柔軟和協調，她不善舞，對身體的掌握度不佳。但是，我也看到因為溜冰，她嚴重的駝背矯正許多，身體的肌肉發達，讓她的身體線條優美。同樣的，因為學琴，我發現她的耳朵音感極佳；雖然團練老師很兇，但她還是樂在其中，對我說：「我喜歡團練，因為音樂很好聽！」

同時我也發現，她的視譜能力不佳，是因為空間能力不好；對下棋沒有興趣，是因為邏輯不強。因此，入學後我對於她的數學成績較差，就毫不意外。

此外，因為參加過「自然體驗」，我看到她的合群與直率；也因為我教她寫作，才發現到她的專注與語文天分。因為踢足球，我看到她日益強健的體魄；也因為烘焙，我看到她顯然對於手工操作不太有興趣。

至於老二青青喜歡有「規則性」的遊戲。比方說，他喜歡把東西由大到小排排站，或

是玩拼圖、下棋。每次去外公家，婆婆教青青跟姊姊一起下西洋棋，姊姊沒耐心，一下子就跑開了，但是青青可以一玩玩很久。所以，他還不到五歲，就會下圍棋、象棋、西洋棋。有次我們一群人去吃飯，小孩們在旁邊無聊，結果青青竟然收集了啤酒、汽水瓶蓋，教大家用不同的瓶蓋玩「五子棋」！

圍棋老師說，下棋下得好的孩子，通常數學都很不錯，因為下棋跟邏輯能力很有關係。我倒沒有想過要藉由下棋培養孩子什麼能力，只不過，琴、棋、書、畫，都跟藝術脫不了關係，我喜歡孩子培養一點藝術的休閒嗜好。

我婆婆有次對我說：「新聞說，才藝學得太多，上課比較不專心。」我笑笑解釋：「她不是學才藝，只是去『課後運動』跟『休閒』。」對於當時低年級的女兒來說，半天班後的下午排一項一、兩小時的活動，是非常必要的。中年級以後，她對於音樂與文字的興趣與優勢逐漸展露，其他的活動也就按照她的要求一項一項停了下來。

女兒幼稚園和低年級時，每天的行程是這樣的：

早上去學校、中午回家吃飯。半小時內做完功課後，

週一：PLAY GROUP 出遊

週二：直排輪社團、小提琴一小時

週三：足球課一個半小時

週四：溜冰課一小時、作文課一小時半

週五：爬山兩小時

至於晚上，則是自由時間。所以她還有很多時間可以看非常多的課外讀物、寫她的床頭祕密小日記，每天晚上準時十點上床睡覺。至於週末，如果沒有去野外露營，就是爸爸出動帶他們去騎腳踏車、逛動物園、看電影、看表演的時候。

回溯女兒一週的課外生活，運動時間占多數，難怪有次某製作單位問我說：「小朋友去百貨公司，吵著要買東西時妳都怎麼辦？」我想了半天，腦海中竟想不出這樣的畫面，原因就是我們的時間都花在操場上、冰場上跟山上郊外，真的很少逛街、逛百貨公司。

三年級之後，女兒吵著加入學校「管樂團」，加學了「法國號」，而且因為學校大多是整天課程，我便跟她商量將運動和才藝做了調整：

週一、跆拳道社團

週二、小提琴課一小時

週三、踢足球一個半小時

每隔一陣子，我都會詢問她：「妳會不會覺得太忙？」或是「妳可以把所有的課從最喜歡的、排到最不喜歡的嗎？」然後，我會仔細詢問她喜歡的原因、不喜歡的原因，然後跟老師商量怎樣增加課程的趣味，或是選擇割捨。

不論成果：眼光放長遠，才藝是未來幸福的種子

女兒花式溜冰學了三年多，有一陣子她很排斥溜冰刀。我問她為什麼?她說因為教練很兇。在反覆跟教練討論之後，我發現，那是因為我沒有足夠的時間帶她去冰場練習，而

教練要求較高，再加上女兒並非很有天分，因此上課很不愉快。於是，我們今年便毅然決定暫停冰刀的課程。

有些媽媽會問：「已經學了這麼久，停下來不覺得可惜？前面的錢不就白花了嗎？」我卻不這樣想。運動和樂器的技藝，其實是一種終生技藝，只要喜歡，雖然可能會生疏，但不太容易「忘記」。

以我和妹妹來說，我們小時候都彈鋼琴，升上國中後因為升學壓力就沒有再繼續。但是我讀大學時，一有機會便參加鋼琴社團、重拾琴譜；我妹妹也在出國留學時，將鋼琴視為解除寂寞的良伴。雖然我們都沒有成為鋼琴演奏家，但是爸爸、媽媽當時花的學費並沒有白花！

還有些人會問：「學這些都要花很多時間練習耶！孩子不肯練琴，怎麼辦？」

這一點我覺得家長的心態要做一點調整，**孩子學樂器在於體驗音樂的美，不是只是要成為一個練琴機器，所以需要家長的欣賞與陪伴。與其規定孩子一個人在那邊練一個小時，不如陪著他、一起享受半小時音樂的果實**。人都有惰性，家長總要花心思、想方法陪孩子練琴，直到他們大到可以自己訂規範練習為止。練習是枯躁而孤單的，我女兒就說過：「我喜歡小提琴，但不喜歡練琴，除非媽媽陪我！」如果我在她旁邊幫她彈彈伴奏，練琴的時間就一晃而過了！

女兒上過的這些才藝課，經過時間的汰選，現在只剩下樂器了。她也逐漸顯露出對於樂器的興趣與天賦。無論是學了近四年的小提琴、剛開始吹的法國號，或是學校音樂課的直笛、旅行時買的陶笛，她自己摸摸就可以上手，而且樂此不疲。

比起富有的千金女，因為家財萬貫，擁有四百雙、價值五百萬名牌高跟鞋，我更希望將來的她可以半夜享受爬格子的私密、或是暑假到海上去當導覽員；或是像我妹妹一樣，休假到花蓮去學騎馬；或是飛到阿拉斯加那雪白的冰湖上去溜冰……在風中馳騁、在海上翱翔，在森林裡拉小提琴……啊！這才不枉現在上的這些「才藝」課啊！

我只盼望，姊姊習琴，未來一個人離家在外、壓力大時，可以藉琴音紓困解憂；那麼弟弟呢，當他煩悶不樂時，也可以悠然捻子，陶然忘機。那也是做母親的一種安心吧！

哭

——讓孩子知道眼淚的重量

不同年齡，哭的意義不同，因應對策也有差異

哭，對年幼的孩子來說，是解決問題的唯一方式。也是表達情緒的唯一出口。

不過，隨著年齡的增長，哭的情形應該會慢慢減少，因為孩子會逐漸懂得運用別的技巧：語言、肢體或行動去處理問題，解決問題。哭，將不再是唯一的武器。

很多媽媽很討厭孩子哭。孩子一哭，就動輒責罵。事實上，不讓孩子哭，並不能解決他心裡的氣憤、害怕或委屈等情緒。妳只是逼他將情緒硬生生的壓抑住而已。心理學家說，對於小朋友的哭，我們應該同理他的情緒，不要動不動就喝止孩子「不准哭！不要哭！」因為，孩子需要哭泣來表達。不過，在容許他「哭」的同時，我們也可以逐步引導孩子，教導他怎麼排解情緒，如何用語言說出自己的情緒、緩解自己的情緒。

對於一歲以下的孩子，哭是一種求救，有時候是因為生理需求，解決了就會停止哭泣，所以絕對不能夠忽視孩子的「哭」。

對於一歲以上已經會說話的孩子，有時候哭是因為無法得到某些滿足，對於這些「小野蠻人」，如果是在無法說理的狀況下，最簡單的方式就是試著轉移他的注意力，往往他就會忘了原來吵著要的東西。

比方說，有一次在「媽媽PLAY」，兩歲多的「毛弟」因為要某個別人手上的玩具而哭鬧不休，旁人百般勸解無效，完全是「秀才遇到兵、有理說不清」的處境。我坐在他旁邊，決定改用「轉移注意力法」。

我看到他一手握著玩具草莓，想到他最喜歡玩「買賣遊戲」，突然問他：「毛弟，草莓要賣多少錢？」沒想到，說時遲、那時快，他立刻止住哭聲回答我：「五塊！」然後，我跟他繼續玩了起來，他根本就忘了之前為什麼哭。旁邊的朋友看見，笑得前仰後合。

一邊安慰一邊解釋，但一定要堅持原則

不過，對於超過四歲以上的孩子，如果還是動輒哭泣，那就不可輕忽了。通常，如果不是因為特殊生理原因，就是習慣以「哭泣」做為手段，這時候媽媽就必須用別的方式來處理。**我對孩子「哭」的時候，一向的處理就是抱抱他、在理解哭泣的原因之後，可以安慰的就安慰，必須堅持的還是得堅持。如果因為孩子不順心而哭，在說理並解釋過後，必要時就採取「忽視法」，不加理會，當他是在「唱歌」**。這樣做主要是避免小孩學會以哭當武器，凡事哭個不停。

此外，也可以試著教導孩子除了哭，還可以用別的方式抒發。比方說，可以告訴他雖然不能給你某個玩具或答應你想要的事，但媽媽可以陪你講個故事或做點別的，如果你想要的話，就停止哭，我們可以做些別的事。如果你要一直哭，那媽媽就去做別的事了。

通常我就會離開現場，不管他哭多久都不再哄了。幾次以後其實就不太會了。但要堅持到底，不能夠中途看他哭很久然後又投降，這樣就前功盡棄，下次他會哭更久。

我兒子個性執拗，三、四歲間有一陣子也很愛哭。我婆婆對於我能夠忍受小孩哭一、兩小時不發脾氣、也不予理會這件事覺得很神奇。但後來證明，這真是滿有效的，因為後

來我兒子就很少哭了。因為他發現，哭並不能夠使媽媽屈服，也不能夠激怒媽媽，於是趁早收起眼淚，不要浪費。

女兒剛好相反，她從小情緒很穩定，不是很愛哭的小孩。不過，這一年來不知道為什麼，非常的多愁善感，眼淚特別多，一點小事也可以傷心流淚個不停。

用腦比哭泣能解決問題

某天晚上，上完作文課回來，她每天不離身的寶貝兔娃娃不見了。我跟爸爸陪著她把車上能找的地方都找遍了，還是找不到。女兒「哇」一聲大哭起來，我心想：「慘了！上星期去爬山，光是忘了帶兔娃娃就哭了個半天，這次萬一掉了，豈不要哭一整夜？」於是立刻說：「等等，妳確定妳的兔娃娃有帶出門嗎？要不要上樓先去看看？」

女兒依言收淚，上樓去找。過了一會兒，我突然發現女兒不見了！我叫了她兩聲，發現她躲在廁所裡面啜泣。

「還是沒找到嗎？」她點點頭，張嘴又準備大哭。我說：「等一下再哭。媽媽問妳：妳確定妳有帶她出門嗎？」她點頭：「我記得我在路上還有看見我的兔子。」

我回想一下路上的情形：「妳有沒有把她帶進作文教室？」

「沒有。」

「妳確定兔子是放在車上？」

「是啊！」

媽媽沉吟了一下，發揮福爾摩斯偵探的威力。「好。那麼，本來應該在車上的兔子，現在不在車上，但又不是妳拿下車的……嗯，那只有一個可能，就是妳下車時，不小心把她弄掉下車了！好吧，爸爸，請你帶她開車回剛剛上課下車的路邊去找一下吧！」

爸爸領軍開車回頭去找，媽媽我悠閒的坐下來吃我遲來的火鍋。

十分鐘後，門開了，兔子探進頭來。

女兒破涕為笑：「媽媽，在妳說的地方找到了！」

「所以事情發生之後，『哭』比較有用，還是想一想怎麼解決比較有用？」

兒子在一旁慢條斯理地說風涼話：「用腦子想一想比較有用啦！」

「對了！趕緊想方法解決事情比較有用。等到方法都試過了，真的找不到，再哭也不遲。可是如果妳先哭，沒有想辦法去找，那兔子被人家撿走了、或是掃地掃掉了，那麼就真的再也找不到了！對不對？」女兒點點頭。

李後主在亡國時「揮淚對宮娥」被痛罵了幾世紀；紅樓夢裡，水做的林黛玉最後不敵愛笑的薛寶釵。

孩子！媽媽希望，將來妳長大，遇到任何事情，眼淚都是最後上場的。一個人的淚水可以哭之不盡、流之不完，但往往沒什麼用處。尤其是古時候的女人，習慣拿眼淚當作武器，殊不知，這是一個最沒有用的武器。第一次哭，別人覺得妳「嬌柔可人」，第二次哭，別人覺得妳「軟弱無能」，第三次哭，妳就只是個「令人厭惡的人」了。

淚水是很珍貴的。跟親人分離時的淚水令人動容；情人重聚的淚水甜蜜溫柔；同情的淚水是良善的象徵；喜悅的淚水是溫暖的印記。親愛的寶貝，請記得，要把珍貴的淚水，留給愛我們、珍惜我們的人。

網路迴響

趴趴熊：讓小孩哭，不理他，久了，他就知道，哭是沒有用。這真的很受用，我會試著用在我女兒身上。

安儀：不過前提是在已經跟她解釋清楚了，孩子只是鬧情緒的時候適用喔！妳可以說：「媽媽知道因為不能去XX地方妳很傷心，那妳好好哭吧。不過因為XX原因，媽媽今天還是不能帶妳去。……」這就叫做「同理」但「界線」清楚。

害怕
——別教孩子學習恐懼

血一點也不可怕

結紮後，月經每次來的時間都很短，但經血的量變得很大。因此，晚上睡覺一個不小心就會「血淹龍王廟」，生理褲全毀。某一次，又是這種狀況，因為急著送小孩上學，來不及清理善後，只好暫且先丟在浴室，晚上回來再洗。

晚上，兒子進浴室準備洗澡，看到我的「血褲」，嚇得直嚷嚷：「好多血！好可怕！」我一面清洗血汙、一面跟他解釋。因為以前已經解釋過女生為什麼有「月經」，所以這次只是輕描淡寫地說明晚上睡覺不小心溢出來的經過。不過，兒子還是一直說：「好可怕！」

於是，我問他：「血為什麼可怕？」

兒子說：「不知道，紅紅的很可怕。」

我說：「那你的彩色筆塗得滿手也紅紅的，為什麼不可怕？」

他說：「因為那不是血。」

我說：「每個人身體裡都有很多血，那你怎麼不怕你自己的身體呢？」

聽到媽媽這一番詭辯，兒子突然愣住了。

我又繼續說：「你割破手的時候，是不是有血流出來？那你怕不怕？」他搖頭。

我說：「對啊！所以血並不可怕。是受傷比較可怕吧？」他想了一下，點點頭。

我接著說：「會傷害我們的東西才可怕，不會傷害我們的，不需要怕。對不對？」

兒子說：「對。我怕獅子，他會吃我。」

「對。如果你在野外看到牠，就很危險。但牠關在動物園裡時，吃不到你，所以你不用怕。」他同意。

我又問他：「你怕蟑螂嗎？」他點頭。

「可是，蟑螂沒有傷害我們，每次都是我們把牠打死。你覺得誰比較怕誰呢？」

他說：「蟑螂比較怕我們。」

我說：「對啊！那你覺得蜘蛛可怕嗎？青蛙可怕嗎？毛毛蟲可怕嗎？」兒子搖搖頭。

「對。因為這些東西很少傷害我們，如果我們不去傷害他們的話。」

「可是我怕會吃小孩的鬼。」

自從看了《羊男》這部電影，兒子很怕電影裡那個「會吃小孩的鬼」。

我說：「世界上沒有會吃小孩的鬼。電影裡是假的。」

兒子還是很懷疑。這讓我很後悔不小心讓他跟我們一起看了那部有點恐怖的電影。恐怕這一陣子是很難抹滅他對「吃小孩的鬼」的印象了！

洗完澡，我們結束了談話。

害怕的源頭：童年經驗與父母的態度

前幾天，在上編織課的時候，幾個媽媽才七嘴八舌討論過「昆蟲」跟「爬蟲類」有多可怕的話題。我突然發現，我好像沒有什麼特別怕的東西。我不怕蟑螂、老鼠，也不怕毛毛蟲、蜘蛛，蛇、蜥蜴我都敢摸。我也不怕「血」。小學解剖青蛙時，我是我們那一組唯一的女生，結果操刀下手的是我。我一直以為，這是因為我小時候住在鄉下的關係，即使我被蜜蜂螫過、被蛇咬過，不過並不至於讓我害怕這些小動物。

我想，怕什麼東西，應該跟童年經驗有關吧！我弟弟從小怕有尖嘴的鳥類，因為小時候我家養雞，他兩歲時因為去逗雞，被狠狠啄過。長大後，雖完全不記得這件事，但他一直都很怕小鳥、雞鴨這類有尖嘴的動物。到了美國，最讓他受不了的，就是到處都有鴿子。

我以前有個同事很怕蝴蝶，好像也是因為童年被蝴蝶嚇嚇過。我最要好的同學很怕老鼠，因為小時候姊姊用老鼠嚇過她，所以舉凡生物課本裡有老鼠圖片的頁面，她都叫我幫她用釘書機釘起來，看都不敢看。

我小時候一度很怕蛇，因為我媽媽很怕蛇。後來長大，自己有機會接觸到幾次蛇，漸漸就不怕了。因此，我覺得父母的影響應該也很大。

一個怕昆蟲、不敢接觸小動物的媽媽，兒女會怕這些東西的機率很高；而在非洲拍攝野生動物的攝影師父母，才有可能養出可以騎在大象背上、跟小老虎一起玩的tipi（《我的野生動物朋友》攝影集裡的小女主角）。

因為這樣的想法，我盡量以開放的角度去面對世界，當一個「無所畏懼」的媽媽。當然，更絕不會沒事嚇唬小孩，包括虎姑婆、警察、醫生、護士、大野狼、關黑黑……因為，我希望我的孩子將來長大，也能跟我一樣無所畏懼。

養寵物
——教孩子認識死亡

每個孩子都夢想養寵物。不過大部分的媽媽，都是「寵物殺手」——拒絕寵物入侵的「主要人物」。我小時候從來沒有機會養過任何一隻寵物，主要原因就是因為我媽媽總是用一句話就投下不容拒絕的反對票：

「我養妳都養得很煩了！」

因此，我小時候總是眼巴巴的看著別的小朋友養小寵物，羨慕不已。

番鴨飛上天、鵝在後頭追

我弟弟妹妹比我幸運。我高中時，爸媽在桃園鄉下租了一間兩百坪大的房子，寬廣的院子裡不但有成排的松樹，還有個小游泳池；房東舉家遷美，留下一隻狗給我們。後來，我爸在院子裡又養了一群雞、一群紅番鴨，因此弟弟妹妹的成長過程中，有很多跟小動物相處的機會。

我印象很深的就是有次我週末返家，一大早就聽到屋頂上有「叭答叭答」的聲音。爸爸衝出院子去看，結果是我家的番鴨飛上了屋頂，在塑膠隔板上悠閒地散步。原來，鴨子是要剪翅膀的，如果不把最外緣的飛行羽剪掉，長大了的番鴨是會飛的！就在爸爸拿竹竿上樓頂趕鴨子時，一位郵差先生騎著腳踏車來送信，看到我家屋頂飛下來一隻大鴨子，嚇得大聲驚叫：「哇！好大的鳥！」

弟弟妹妹跟那群小雞、小鴨的感情不錯。爸爸每週日的早上，都會用鋤頭鋤些蚯蚓出來，給小雞們加菜。有一次，有一隻雞因為太靠近爸爸的鋤頭，不小心被鋤斷了一隻腳

趾，鮮血直冒。爸爸看了於心不忍，竟拿出醫藥箱，用繃帶把小雞的斷趾包紮起來！天知道這些雞，是過年要用來加菜的！因此你可以想見，當弟弟、妹妹在餐桌上，看到那隻曾包過繃帶的斷趾雞爪浸在紅燒湯汁裡時，掩面哀嚎的慘狀了！

沒人忍心吃的雞鴨，引來許多蛇在院子裡盤旋，嚇得媽媽花容失色，還驚動消防人員來幫忙，後來也就不再養了。我大學時，爸媽在桃園買了房子，也有一個大院子，爸爸聽說鵝大便可以防蛇，便在院子裡養了幾隻鵝，後來又買了一隻小狗來看家。不過每次我回家，小狗半聲也不吭，對著我很親熱地搖尾巴，倒是鵝拚了老命似的追著我跑，嘎嘎叫個不停！最後都是妹妹來救我，因為鵝只聽她的話。沒養過鵝，很難想像鵝比狗會看家吧？

負起照料寵物的使命，培養責任感

但最後，狗死了、鵝老了，我們舉家遷回台北，爸爸再也不養寵物。倒是我，單身住在台北的時候，在陽台上養過鴿子、斑鳩（白色的魔術鴿），一度斑鳩還「生生不息」，從一對養到十幾隻。生孩子後，因為住的是大廈，很難照料寵物，於是改養一小缸魚。

我一直覺得，孩子應該要有養寵物的機會，除了能夠體驗生命的美好，也可以培養互信、互愛的情誼，當然，孩子也有機會負起照料寵物的使命，培養責任感。

因此，當女兒吵著要跟同學一樣養一隻「電子寵物雞」時，我二話不說，為她買了一隻真的老鼠。女兒也真的很乖，每星期很負責的為老鼠放飼料、清理大便、換木屑，從來不用我提醒。直到後來，她不知道為什麼忽然一摸老鼠臉就腫得跟豬頭一樣，起了滿身蕁麻疹，嚇得我再也不敢讓她幫忙。

透過寵物進行生命教育：認識死亡

除了老鼠，後來陸續又有小鳥、烏龜進駐我家。去年從台中友人處帶回來的兩隻小鸚鵡，餵養了一個多月，不知什麼原因雙雙陣亡。鸚鵡死的時候，阿嬤在睡覺，四歲的兒子是唯一在現場的「凶嫌」，而這位「凶嫌」對於「犯案過程」始終「供述」不清，惹得全家人都很火大！尤其是女兒，哭得好傷心，還為小鳥寫了一首弔唁詩。後來，阿嬤帶著兩小把鳥兒埋在前院裡，大家祝禱一番。不過，每次看到空的鳥籠，仍不免觸景傷情。

養寵物，讓孩子真實的看見死亡，其實也是一種生命教育。去年底，年邁的老鼠患了頰囊炎，看了好幾次醫生，我早晚餵藥，連外出露營都帶著老鼠一起去，但最後還是衰弱而死。這次，老鼠的死大概因為孩子們已經有了心理準備，所以沒有引起太大的傷悲，阿嬤一樣把老鼠埋在前院裡。

幾天後，兒子突然一本正經地對我說：

「媽媽，妳以後死了，我也要把妳埋在院子裡。」

「為什麼？」

「這樣，妳就可以看到小鳥和老鼠啦！」兒子笑瞇瞇地說。

呃……為什麼我死了之後「要看到小鳥和老鼠」？

臉上很多條線的我當然無解。但我想，孩子這麼說，表示他已經知道，人最後都是會死的，就跟動物一樣。某些層面上，我覺得他已經開始了解「死亡」這件事。

龜兔賽跑?!

為了安撫孩子，於是我第三次養小動物，選了「長壽」的烏龜。烏龜很好照顧，不用每天餵，也沒有異味。兒子、女兒會輪流替牠換水、放牠在浴室裡自由爬行、去陽台曬曬太陽。

不過，男孩子真的有很可怕的「實驗精神」。有一次，我在撈烏龜出來活動一下時，警覺到其中一隻看起來有點遲鈍，跟平常不太一樣，我腦筋一轉，二話不說抓來兒子：

「你是不是對烏龜做了什麼？」

「沒有啊！」他露出「掩飾禍心」的微笑。

我看了烏龜兩眼，立刻看穿這五歲小孩的居心：「你是不是拉了牠的頭？」

眼見事跡敗露，兒子只好承認：「對啦！我想看看牠脖子下面長什麼樣子！」

雖然我知道某派教育是「讚賞」孩子的「實驗精神」的，但這可不包括在「活的」動物身上！於是我嚴重警告這位「累犯」：

「你絕對不可以再拉烏龜的頭、腳、尾巴！你如果想要知道沒殼的烏龜長什麼樣子，我們可以找圖片看看。」

結果，我們母子倆上網路找了一整晚，最後發現，烏龜跟殼是不能分開的！殼就是他身體的一部分，會隨著他的身體而長大，就像人的指甲、蝦的殼一樣，因此，網路上沒有

「無殼烏龜」的照片，倒是有「軟殼烏龜」，讓我們母子倆都上了一課。

去年，朋友送了我們一位新成員「甜甜」。牠是一隻胖胖的母兔子！不過，一看到朋友手中的「小兔子」，我有點驚嚇──牠比一隻狗還大！

兩個小傢伙沿路興奮得無以復加，為她取了個名字叫「甜甜」。「甜甜」十分好動，柵欄門一開，牠就興高采烈地跳出來，在家裡鑽來鑽去，兩個小孩跟牠玩到十一點還不肯去睡覺。「甜甜」活蹦亂跳地在客廳中穿梭，讓我老是錯覺來了一隻毛茸茸的狗！兩個小傢伙也跟在後面搶著摸牠、抱牠。這下連我家的「小暴徒」也真誠地改過向善：「我要把我的樂高收起來，不然兔兔吃了會死。」

坐在旁邊的老公，看了一眼烏龜，又看了一眼「甜甜」，慢條斯理地說：「哎，兔子跟烏龜都有了，什麼時候辦賽跑啊？」

鳥鳥與蓓蕾

——與孩子談性說愛

會動的鳥鳥?!

洗完澡，弟弟光溜溜地跑出來，發現新大陸似地大叫：「妳們看！我的『鳥鳥』會動喔！」我跟姊姊坐在床沿吹頭髮，眼光立刻順著他那媲美伊索比亞難民的裸體往下看……果真！「重要部位」——翹起來的小雞雞，忽然「ㄉㄨㄞ、ㄉㄨㄞ」地上下動了兩下！

我們不由得大笑！姊姊覺得有趣：「再動一下給我看！」弟弟低頭注視著鳥鳥，擺出努力的表情。努力了半天，顯然是白費了。「鳥鳥」不知何時低下了頭，不聽使喚。

兒子有點喪氣地抬頭對姊姊說：「沒辦法了！鳥鳥『有力氣』的時候可以動，不過他『很虛弱』的時候就不會動了。」說完，他以迅雷不及掩耳的速度轉向我：「媽媽，為什麼鳥鳥有時候『有力氣』，有時候『很虛弱』啊？」

我猜我的笑容，應該是頓時凝結在臉上吧？呃，第一次聽到有人用「很虛弱」來形容生殖器，突然感覺自己也有點虛弱……腦海中閃過「勃起、自慰」等字眼，但完全不知道該以什麼樣適當的字眼解釋給才五歲半大的孩子聽。正好，他爸爸下班回來、走進房間，我立刻如逢大赦、閃進浴室：「媽媽沒有鳥鳥，你去問有鳥鳥的爸爸吧！」

我在浴室豎起耳朵聽兒子重複問題，不免有點兒幸災樂禍。沒想到，老公沉吟了一下，竟四兩撥千金解決了：「嗯，當你的鳥鳥裡有血液的時候，他就會很有力氣。沒有血液的時候，他就會『很虛弱』。」兒子帶著滿意的笑容離開。我很有點可惜他怎麼沒有繼續追問：「那鳥鳥為什麼有時候有血液，有時候沒血液？」頗有點好戲不連台的遺憾。

孩子的「性問題」有階段性，慢慢來別擔心！

不過，我家爸爸誤打誤撞的簡單解答，恰好符合了兒童專家的說法。據後來我在上相關節目時，請教專家：**其實孩子的「性問題」，是有階段性的。家長不一定要在孩子第一次問這類問題時，就緊張的把所有細節講述完整。因為，每個年紀的孩子問題不同，講太多他聽不懂，講太少他不滿意。所以，只需針對問題，講到他不再追問就可以了！**

比方說，我女兒的問題就比弟弟深入多了。自從她問了我一堆「什麼時候會長大ㄋㄟㄋㄟ」、「哪邊會長毛」的問題之後，我就把早已買好的《小女生身體的祕密》一書丟給她看。她這兩天一邊看，一邊繼續問問題：

「媽媽，生小孩會很痛嗎？那我將來可以不生小孩嗎？」

（孩子啊！妳可知生小孩的種種問題中，「痛」是最不重要的一件事嗎？）

「可是，沒有小孩的話，我死了以後，誰會祭拜我呢？」

（天哪！妳是不是也操太多心了？）

「還有，沒有小孩是不是就沒有人可以傳宗接代了？」

（這……我已經一個頭兩個大。）

練好心臟，迎戰孩子的性問題

今天早上起來，她脫下睡衣，準備換衣服。突然，她挺起胸膛又丟來一顆「炸彈」：

「媽媽，妳看我這樣是長『小蓓蕾』了嗎？」

我很慶幸我剛刷完牙，不然我一定會「噗」一聲把漱口水噴到牆上！於是我很鎮定的彎下腰去仔細觀察了一下她曬得黑黑的胸膛之後，很慎重地回答她：

「目前還看不出來，我想要等你五、六年級時才會有『小蓓蕾』吧！」

誰知道她竟一臉不以為然地回我：「書上說，四年級就會有了！」

害得老媽我頓時語塞。話鋒一轉，她又老氣橫秋地對我說：「媽媽，以後我每天都要按摩ㄋㄟㄋㄟ，將來才會長大一點！」

我正苦笑著心想「這可不一定啊！」的時候，她果然又繼續問：「媽，那我以後會有大ㄋㄟㄋㄟ嗎？」

「呃，不一定。如果你遺傳到我，可能有一個不大不小的中型ㄋㄟㄋㄟ。如果你遺傳到爸爸，那可能就會像姑姑一樣，ㄋㄟㄋㄟ比較小。」

不待她繼續問，我趕快回問她：「為什麼妳想要大ㄋㄟㄋㄟ呢？」

「我覺得大ㄋㄟㄋㄟ的中間有一條線比較好看。」

經過我詢問之後，終於了解她所謂的「一條線」是指──「乳溝」。

正當我準備要跟她討論乳溝「好看」、「不好看」的問題時，她下一個問題又來了：「媽媽，什麼是包皮？」「弟弟有割包皮嗎？」「爸爸有割包皮嗎？」……

我忽然間覺得惶恐，竟然這麼快就到了要回答女兒這些問題的時間……感覺將來有一天，要教導他們使用保險套的時間好像也不遠了……

網路迴響

網友詢問：「到底該不該教導孩子器官的『正確的名稱』？或是用一般『代稱』？多大應該開始讓他了解『性行為』？」

安儀：我詢問過兒童專家，大家倒是覺得沒有一定，這些議題可以隨著孩子年齡增長、提出的問題，從比較簡單的說法、一般的俗稱，到告訴他比較詳細的內容、正確器官的學名及作用等等，一步一步慢慢來，或是藉由書籍輔導，一起討論。

但是最重要的，是要教導他性器官、性行為是私密的身體部位、私密的行為，不但要保護好它們，而且也不可以隨便暴露在別人面前。同樣的，我們也可以藉機告訴孩子，不可以隨意去碰觸、偷看、玩弄別人的私密器官，也就是要教導他們這是「隱私」，要學習去維護自己和尊重別人的隱私。

前兩天，有一個媽媽很憂心地對我說，他兒子在幼稚園裡偷看女生上廁所，被對方的家長怒責她管教不當，害她很緊張，不知道該怎麼辦？回家罵了小孩一頓！其實，這類對「性」的好奇在小孩成長過程中很常見，成人不需要過度大驚小怪。媽媽只需要解釋「隱私」這件事，並教導孩子「尊重隱私」的觀念即可。

網友詢問：「推薦適合小男生看的性知識的書！」

安儀：書名叫做《男生，小心你們的小弟弟》高寶出版社出版。我們教室的小男生都很喜歡這本書，拿起來看個不休，雖然我覺得漫畫語氣有一點……不過男生都很喜歡。

幫不幫？要想想！

——縱容與幫助的界線

淹水的書包

前兩天，我到學校去當志工媽媽，碰到讓我十分傻眼的狀況。

早自習的時候，有個孩子的水壺蓋子沒有蓋緊，倒的一書包都是，水不但淹沒了書包裡的課本、從圖書館借來的書，也從書包縫隙中漏出，弄得座位旁的走道汪洋一片！有同學發現了，驚呼起來：「XXX，妳的水壺漏水了！」

立刻，有三個小孩搬出了拖把、水桶，前來「救災」。

我當然也立刻走過去幫忙，把書包裡的書拿出來，把茶水倒掉。我一面教小朋友把拖把扭乾，一面問他們：「這是誰的書包？」

本以為就是正在拖地的幾位小朋友中的一位，沒想到，同學們卻遠遠指著正在教室角落裡，悠悠然下著象棋的「苦主」——那位書包漏水、課本全濕的小朋友，瞄了兩眼拖地的同學，又回過頭去繼續津津有味地下棋，好像那是別人的書包，跟他毫無關係一樣！

我簡直目瞪口呆！哪有人自己的書包「淹水」了，卻仍自在地下棋，讓其他小孩幫忙收拾善後的呢？於是我立刻請其他小朋友停止動作，走過去對「苦主」說：

「麻煩你自己拖地，並請把這裡恢復原狀喔！」

他這才慢條斯理踱步過來，一臉不甘願地接過拖把開始拖地。

幫助人也要有原則

沒想到，其他小朋友竟集體抗議我的「雞婆」：

「老師說，我們要幫忙別人，才可以加分、獎勵！」

我聽了苦笑：

「沒錯，幫助別人是好事。但如果被幫忙的人自己不努力，我們幫助他就不值得！」

我心中納悶的是，已經八、九歲了，出了狀況，怎麼可以完全像沒事人一樣？「打翻水」這種狀況無論是在家或外出吃飯時發生，我的孩子一定會立刻飛奔去廚房拿抹布，或者跟餐廳阿姨借抹布，自己把桌子、地上擦乾淨，絕對沒有人敢來告訴媽媽、或是坐在那裡等待別人來幫忙；甚至他們也不敢取用衛生紙，因為我不准他們用衛生紙擦翻倒的水！

幫助跟縱容的界線

接孩子回家的路上，我跟孩子提起了早上發生的這件事。我一方面向他們解釋什麼是「幫助」，一方面解釋什麼是「縱容」。

我問女兒：「今天如果有一個人，雖然他很努力工作，但因為他爸媽生病了要花很多錢、太太過世了、孩子又還很小，那我們捐錢給他，這叫做什麼？」

女兒很快的回答：「做善事！」

「對，因為他需要幫助。好！那麼今天如果有另外一個人，他好吃懶做，每天打電動、喝酒、賭錢，當他沒有錢來找你借，你還把錢借給他，這叫做什麼？」

「……」孩子們的詞彙不夠，回答不出來。

「這叫做『縱容』。」

我接著說：「我們幫助一個人，是希望他變得更好，但是縱容一個人，並不會讓他變得更好。就好像如果將來有一天，你們做了不好的事，媽媽如果沒有責怪你，卻還幫助你一起去做壞事，那就是縱容你。這種幫忙，不但不能幫一個人，反而會害了他，甚至害到自己，知道嗎？」兩個孩子似懂非懂的點點頭。

「妳的水壺打翻了，妳自己該先趕快把水壺扶正、拿抹布來擦桌子，這是一種『負責』。坐在那邊等別人來幫忙，叫做『依賴』。我們要學習自己負責，不依賴別人，同樣的，也要學習分辨哪些情形值得幫助、哪些不值得。」

我花了點時間，希望讓孩子了解，所謂「天助自助者」，幫忙別人並不是無條件的。除了要衡量自己的能力，也要區分什麼狀況應該幫忙，什麼行為不值得我們幫忙。

在未來的人生道路上，我們會遇到各式各樣的人。有些女孩很傻，愛上了一個不負責任的男人，還自以為在幫助對方、改變對方，沒想到自己正在做傻事，一輩子陷入痛苦中，無法自拔。我可不希望我的孩子將來變成這樣！

沒有問題孩子，只有問題家長

在學校擔任志工，令我感觸良多。通常送來上我作文課的孩子，都是爸媽高度關注的孩子，很少看到這類問題；但是在公立學校，卻可以看見各式各樣、千奇百怪的例子：明明是高學歷、經濟環境優越的家長，卻放任孩子終日不寫功課，沉迷在電玩或網路之中；也有小康家境、雙親正常的孩子，縱容孩子每天十二點以後才睡覺，然後隔天上學嚴重遲到、屢勸不聽。

更有些嬌寵小孩的家長，以愛的教育為名，把孩子慣得自私、跋扈，讓老師頭痛不已。我就曾經看過幾個上課態度極度不佳的小孩，在家長面前言聽計從、乖巧撒嬌的模樣。如果我不是親眼看過這類孩子在課堂上頂撞老師、侮辱同學，我也不敢相信這是同一個小孩！

也有些孩子的家庭成員複雜，雖然經濟不虞匱乏，但老師聯絡之後才發現，家中親戚朋友，沒有一個人願意（或能夠）負起照顧孩子的責任，最後只得讓孩子自生自滅。

另外還有一種最令人感到無力的家長，就是孩子明明有問題：嚴重過動、注意力不足、學習障礙、智能困難，或是情緒障礙需要特殊處理……然而無論老師怎麼與之解釋、勸導，父母就是不肯承認孩子需要專業醫療的介入協助。

不願意看醫生、不願意孩子就讀「資源班」（以前稱「特教班」）的結果，不但平白耽誤了孩子治療、學習的契機，也讓老師束手無策，打擾其他同學的學習，實在令人扼腕。

「沒有問題孩子，只有問題家長。」這句話，兒子幼稚園的園長曾經向我感嘆過。身為孩子的家長，有時的確也要放下「自己對孩子最了解」的執著，多聽聽別人的意見，否則，如果因為自己的管教失當，而害了孩子一生，那豈非辜負了上天給父母的天職！

網路迴響

網友提到自己的孩子跟社區的小朋友玩瘋了，竟然打到一位小朋友哭了。自己罵了兒子也道歉了，但對方還一直責怪他……這種情況該如何做比較好？

安儀：我想這個情形如果是我的話——

第一，趕緊將雙方孩子拉開。

第二，考量對方家長的感覺，我「不會」先強調我的孩子「不是故意的」。傷害已經造成，除了道歉，還是道歉，不需要先辯解。如果對方要罵我的小孩，我會教導我的小孩，再度跟對方致歉：「別人因為你的行為很不開心，我們必須道歉到對方原諒你為止。」等到對方冷靜下來，再討論「是不是故意」的問題，如果對方反應過度，我會盡快道歉離開。

第三，將孩子先帶離現場再教訓。回到家，可以告訴孩子，雖然媽媽瞭解你不是故意的，但是因為你的行為確實造成對方的傷害，所以我們必須道歉，並取得別人諒解。另外，如果「案情」嚴重，我可能會另外給予其他處分。如果不是很嚴重的狀況，只是因為玩的時候沒有輕重，那就必須再度演練一番，教導孩子，什麼樣的情形對方已經不高興、不喜歡，就必須停手。

我們必須要教導孩子，很多事情不是「我不是故意的」就可以解決一切。而「道歉」本來就是要讓對方原諒你。長大成人不也如此？雙方訴訟罰款，就是提供讓對方原諒你的方式，當然對方如果態度太過惡劣，我們不一定要全盤接受（比方說對方獅子大開口），但我們必須讓孩子知道，是自己錯在先。（別人有錯在後，可以之後再討論。）

什麼不能玩？

——思索「為什麼」比一味保護更重要

兒子快滿五歲時，很喜歡收集瓶瓶罐罐。因此，我用完的瓶瓶罐罐，都會順手送給他。他把這些小罐子拿來當作調製他「魔藥」的瓶子，排排站在浴缸邊。

有一天，老公一腳踩進浴室，被一個銳利的薄片割破了腳，流了很多血。原來，是兒子在浴室打破了一個玻璃小瓶子。我覺得奇怪，因為我給他的瓶子通常都很結實、不易碎，於是我問他：「瓶子為什麼破了？」

兒子說：「瓶子裡面臭臭的，我用力把它摔破，想看看裡面有什麼東西。」

我把破瓶子的碎片害爸爸割傷腳這件事解釋給他聽，順口問道：「有些遊戲不能玩，玩了之後會造成危險跟傷害，你知道這樣的東西還有什麼嗎？」

玩聯想遊戲，引導孩子思考問題

他反應很快，想也不想立刻就說：「門。玩門會被門夾到，上次我就被門夾到手。」

我笑著鼓勵他：「對！很好！還有呢？」

他想了一下，說：「身體！不可以把東西塞到身體的洞洞裡！」

我忍不住讚美他：「答對了！像是鼻孔、耳朵、嘴巴……都不可以亂塞東西。很好！還有沒有？」

這回他想了半天，想不出來。「媽媽，換妳說了！」

因為我常跟孩子們玩一些詞語接龍、比賽搶答的小遊戲，因此兒子想不出來，理所當然覺得應當換我說了。我想這可是個機會教育的好時刻，於是立刻回答：

「火。你知道火為什麼不能玩嗎？」

他說：「燙燙。」

「對，還有玩火很容易引起火災……」我補充，詳細描述了火災的可怕。

說完，我就進浴室洗澡。不料，兒子竟把這段談話當作遊戲，繼續跟著我到淋浴間，隔著玻璃門又接著說：

「媽媽，我又想到了一個不能玩的東西，那就是，如果你不知道那是做什麼的按鈕，就不可以按它來玩。」我聽了立刻哈哈大笑起來。我知道他為什麼這麼說。

除了「不能玩」，還要知道為什麼

因為有次我們去「好市多」（進口賣場）購物，結果他在我們推著購物車、乘坐手扶電梯上樓時，一時好奇，竟蹲下去按了電梯邊上的紅色按鈕。這下可好，整道手扶電梯倏然停止不動。上樓、下樓的人全都卡在電梯上。原來那是個防止意外的暫停鍵。剎時，所有的人目光都集中在他身上，害我跟阿姨兩個人滿頭大汗的跑上、跑下去找工作人員，搞得天下大亂。那次他知道自己「代誌」大條了，嚇得臉色發白、手足無措，鐵定印象十分深刻。

我笑著說：「對！沒錯！如果你不確定那是個什麼功能的按鈕，最好不要玩。不只是按鈕喔！昆蟲、動物也一樣。如果你不知道牠有沒有毒、會不會咬人、有沒有病菌，最好不要貿然的去捉牠、玩牠，以免發生危險。」

接著我又說：「同樣的，如果你不知道那個人是誰，最好也不要跟他玩。比如說陌生人、不認識的人等等。你知道為什麼嗎？」

兒子立刻很清楚地說：「因為他可能會傷害我。」

哇！真不愧是我兒子，說話太有條理了！

「媽媽，還有，打雷的時候不能在外面玩。」

「對。還有沒有大人在的時候，也不可以去水裡玩。」

「媽媽，還有插座也不能玩。會電到。」

「對，還有馬路上也不可以玩。」

「媽媽，還有刀子也不能亂玩。會刺到人。」

……

我們就這樣聊天聊了半小時，直到想不出還有什麼東西不可以玩為止。

這是一場跟四歲九個月的孩子的談話，做媽媽的我覺得很有意思。其實，我們在生活中常常有很多機會，可以跟孩子談一談各式各樣的問題。像是這個「什麼東西不能玩？」也可以換成「什麼事情不能做？」或是「什麼地方不能跑？」同樣都可以考驗孩子的推理，讓他們學習思考「為什麼不能」。有時候「不能」其實是「可以」的，只是時間點不對。所以我覺得給孩子討論的空間是很必要的。

不要小看孩子的小腦袋瓜喔！給他們問題，有時會比給他們答案更讓他們印象深刻，也更能開啟孩子自己思索倫常、生活、秩序、學習等觀念。這都是很好的練習呢！

PART 3

小故事大道理

——聊出有規矩的孩子

「輸」在起跑點
——失敗的正面意義

去年四月，八歲的女兒和五歲的兒子參加了他們人生第一場正式的「團體比賽」：大安盃五人足球賽。

當天中午，我們「全副武裝」到了南港高工。孩子們都穿上了足球隊的制服上衣、短褲、長襪、護脛和球鞋，而爸爸媽媽們當然是照相機、攝影機、水壺、點心齊備，我還帶了家裡的加油棒去場邊當啦啦隊。

天真的小小孩，勝負與我有何干

繳交報名費一百元、領了紀念品之後，才知道當天大孩子、小小孩共有四場的比賽要踢。看著一群四到八歲的「超級小短腿」小孩，在大約標準籃球場大小的室內足球場踢球，實在很有趣，光是來回跑個兩、三圈，就已經是滿臉通紅、氣喘吁吁了，更何況是踢球？尤其是幼稚園這組年紀較小的小孩開始踢球也才半年多，對足球規則還似懂非懂、糊里糊塗，實在是趣味多過緊張。

兒子的「海賊王」隊一共有十二人參賽，所以要按照教練的安排上上上、下下下，輪流上場。第一場比賽開始時，我剛好去移車，所以有一段沒有目睹。回來之後，看到兒子剛好從場上下來，我問他：「現在誰贏？」我兒子一臉天真指著「敵方」的一個男生：「那個穿藍衣服的告訴我，我們少一分！」

我第一次聽到「比賽的輸贏」竟然需要「對手」告知，不免在場邊大笑不已。

更好笑的是，三歲多的「阿蓮娜」小姐，上場時不知為何一直站在守門員旁邊，經過教練一陣喊叫才趕快跑向隊友；還有換場時，前鋒傻傻的不知道該往哪個門跑才對？還有同一隊的小朋友竟互相爭踢，實在是爆笑連連！不過，對手的幼稚園隊卻表現得頗為有板有眼，有個綁辮子的小女生非常強悍，跑得快、踢得準，十分厲害！

於是，「海賊王隊」第一場球一下子就失了兩分，終場以〇比二敗北。

敏感的大小孩，勝負有若千斤重

接下來換國小低年級組的上場了。二年級的女兒雖然才踢了四個月的球，不過體能很好的她因為人高馬大，看起來架勢十足，而且停球、盤球的基本動作都做得不錯，跑得也快，無奈對方比賽經驗豐富，守門員很強，連撲帶抱，她射門幾次都沒有成功。而她們這隊的守門員小男生，偏偏一心想要踢球，每每離開球門跑到前面去踢球，急得我們這一群媽媽在場邊不停大喊：「喂！守門員！回來！」小男生卻置之不理。果然，最後對方以一記長球直驅入境，因為「守門員不在家」！

終場，也是〇比二慘敗。一下場，包括那個「被大家責怪的守門員」，有兩個小男生都嚎啕哭了起來。女兒也泫然欲泣。

「媽媽，為什麼我都踢不進去？」跟「幼稚園隊」搞不清勝負不一樣，八歲的女兒第一次嘗到「失敗」的苦果，顯然打擊很大。她沮喪地說：「他們是一年級加大班生，我們這隊年紀比他們大耶！竟然還輸，實在太丟臉了！」說著，眼睛就紅了。

我安慰她：「沒關係，等一下還有機會啊！你們是第一次比賽，對方比賽經驗豐富，你們當然比較吃虧；而且妳才踢四個月，有這樣的表現已經很不錯了。」

身旁的阿姨開始「場邊教戰」，告訴她一些射門的技巧。女兒好不容易忍住眼淚，二度上場。上場前，我聽見她鼓勵隊友：「加油！好好守門喔！」下半場，她甚至自願去守門。果然，第二場打得比第一場好多了，雖然還是小輸一分，不過每一個人的整體表現都比第一場進步。

弟弟的第二場也表現不錯。雪真的兒子大老遠踢了一腳，一路追著球跑，球竟然就這樣滾進球門觸網成功。場邊的爸爸媽媽都不可思議的愣住了，接著大笑歡呼起來。

頒完獎，兒子一路嚷著肚子餓。跑得汗流浹背的他，吃了五、六盤「爭鮮」壽司，胃口大開。女兒卻悶悶不樂。她在回程車上不斷嘟噥地抱怨：「兩場都輸，真丟臉。」

累積吃敗仗的經驗，培養忍受挫折的能力

我邊開車邊看著後照鏡中的她，突然覺得，這次有機會讓孩子參加體育競賽，真是一件極好、也極為重要的事情。一場比賽，不但讓孩子知道「互助合作」是多麼重要，也讓她知道人外有人、天外有天，更鍛鍊她「忍受挫折」的能力，以及讓她知道，想要贏得比賽，必須要有充分的努力、練習與付出。

我對女兒說：「妳知道嗎，『贏』了固然很好，但是『輸』更重要。『輸』讓我們知道我們的缺點在哪裡，我們哪裡練習不夠，還有哪裡要加強。任何一場比賽，都需要無數的『輸』，才有機會『贏』。」

以前是國中乒乓球校隊、曾經在大型比賽中得到三座重要獎座的阿姨（我妹妹）也接著說：「妳知道擺在客廳的那三座獎盃背後有多少的淚水？輸球的淚水、打不好被教練罵哭的淚水、練球練得很累的淚水，還有練不好痛苦的淚水……輸有什麼關係，下次贏回來比較重要。」

後來轉升學班，結束乒乓球生涯的妹妹曾經說過，念大學時，有次她跟乒乓球社團的學姊們出去打球。團體賽輸了，學姊們在後台抱頭痛哭，只有她沒有哭。「輸就輸了，有什麼好哭的？」從小南征北討、出國比賽的她說，「勝敗乃兵家常事」，她早已練就金剛不壞之身。「當時我只覺得尷尬，怎麼這麼幼稚啊！又不是什麼大事，不過輸了一場球而已。」我永遠記得，妹妹當時對我說這件事時，不以為然的神態。

輸在起跑點，更能開發潛力

孩子，我希望妳「輸」在起跑點。

一個曾經「輸」在起跑點的孩子，知道什麼是「輸」，什麼是「輸」的滋味，怎麼樣去面對「輸」。一個曾經「輸」過的孩子，他會知道如何改進、如何向前，如何不停地超越自己和別人。

俗話說，「失敗為成功之母」、「好的開始，是成功的一半」，把這兩句話做一個連結，我們可以解釋成「失敗」的開始，可以視為一個「好」的開始。

只要你屹立不搖、不被失敗打倒、徹底檢視原因、努力練習加上思索解決之道，終有一天，「失敗」會讓你成功。

反觀，如果凡事都「贏」在起跑點，讓你誤以為凡事都應該要「贏」、必須「贏」、非「贏」不可，那麼萬一你哪天輸了，豈不就要從樓上跳下來？忍受不了失敗的苦果？

孩子，我希望你「輸」在「起跑點」。

人生，是一場漫長的賽跑，「輸」，並不可恥。只要你不斷前進、超越自己，到終點之前，你都有機會可以「贏」。

更何況，你將會發現，即使是「輸」，也有另一番綺麗風景，值得你慢慢品味。

網路迴響

網友詢問：「如果孩子輸久了，不在乎了要怎麼辦？」

安儀：在兒童心理學中，一個孩子的健全人格的長成，需要有「成功經驗」。一個一直被否定、沒有「成功經驗」的孩子，會變得沒有自信、畏縮，以及無成就感。所以，如果孩子總是輸，我們就必須要幫助他們努力去取得「成功經驗」，也就是「贏」的美好經驗。「贏」可以是在人生中的各個方面，不一定是競賽，也可能是持續做一項自己有興趣的事情，獨立或群體完成一件事。幫忙孩子找出他的成功經驗，鼓勵他追求成功，這也是很重要的課題。

網友詢問：「如果孩子覺得自己表現不出色，不願意參加比賽。」怎麼辦？

安儀：小孩怕輸不敢比賽是正常的，媽媽不妨給她一個「參加獎」，如果她有勇氣挑戰比賽，只要參加，都可以獲得一個她想要的鼓勵。妳覺得呢？

前兩天，我接了台北縣的演講活動，要對上百位警察演講。這是我第一次接正式大型的演講，很緊張，去之前的晚上緊張得睡不好。我告訴女兒我的心情，她好奇地問我：「既然緊張，那妳為什麼還要去？」我說，我想要完成一個我沒有做過的事情。

那天回來之後，女兒問我表現如何？我也跟女兒再次敘述我自己給自己的挑戰和感想。我想要她了解，有時候結果不重要，過程比較重要。

吃飯的規矩

——吃得開心、營養、環保、禮貌

每個人的飲食習慣都不一樣。在現代的富裕社會，連成人吃東西都有些奇怪的癖好，何謂「正確的飲食觀」？其實很難一概而論。在我的想法裡，教小孩關於飲食的問題，應該簡單涵蓋下列四項：一、吃飯吃得開心；二、吃飯吃得營養；三、吃飯吃得環保；四、吃飯吃得禮貌。這就是我心目中，孩子應該具備的「吃飯的規矩」。

吃飯吃得開心

「媽，我吃不下了！」

「好，下（餐桌）去吧！」

「媽，我現在不餓，晚一點再吃好嗎？」

「好，那妳等一下要自己把碗筷收拾好。」

這是我們家最常聽到的對話。每個跟我一起出去吃飯的媽媽，往往都訝異於我如此輕易就「放過」那些「不吃飯的小孩」。但這確實是我一貫的做法，對愛吃飯的老大和不愛吃飯的老二都是如此。

家長最苦惱的就是孩子的吃飯問題。從餵奶開始，就擔心孩子吃得不夠多；明明母奶餵得好好的，卻改用奶瓶餵食，為的就是想要知道寶寶吃進去了多少。這種「量化食欲」的奇怪做法，更延伸到副食品：父母想盡辦法希望孩子吃多一點，不是用「不准去玩」做威脅，就是用「吃完飯給什麼獎勵」哄騙，非逼得孩子把面前所有食物吃完不可。

於是，餐桌上經常有愁眉苦臉、不願意吃飯的孩子。親子在餐桌上較勁，把「吃飯」這件原本很愉快的事情搞得痛苦不堪。其實，孩子胃口不好，通常只有兩個原因：第一、吃了零食、喝了飲料，第二、運動量不夠、不餓。

別小看一小瓶「養樂多」、一顆巧克力的威力，甜品的熱量將近半碗飯，甚至更多。如果你很習慣在包包裡帶一包「蘋果麵包」，沒事給小孩一顆「曼陀珠」，那又怎麼能怪孩子胃口不好呢？我出門從不帶點心，也不去便利商店買飲料。女兒喊肚子餓時，我不會眼巴巴的怕孩子餓壞，寧願讓她嘗嘗飢餓的滋味，等到吃飯時間，再狼吞虎嚥地吃飯。

再者，孩子食欲不振時，應該加強戶外運動的時間。我認為學齡前後的孩子，每天至少要有一小時以上的「大肌肉運動」，他們需要踢球、溜滑梯、追逐、玩沙、玩水，奔跑到「汗流浹背」才夠！

很多家長覺得孩子一天到晚「動個不停」就是運動，其實並不夠。孩子不餓，通常表示熱量消耗不足，活動力不夠。因此，逼他吃飯不如帶他去運動。

另外，很多家長都煩惱孩子吃不下早餐。我的看法是：剛起床，怎麼會有胃口呢？何不提早起床的時間，先念一段時間的書或運動一下，再吃早餐？

不知肚子餓的孩子，不會體會吃飯的快樂。所以，要想讓孩子快快樂樂地吃飯，先要讓他肚子餓才行！

吃飯吃得營養

有一次，弟弟吃太多零食而吃不下正餐，我在車上跟姊弟倆討論這個問題。

「你們知道為什麼人要吃『正餐』，不能靠零食代替正餐？」

「因為零食不健康。」

「對。那麼為什麼零食不健康？」

「因為太鹹、太甜。」姊姊說。

「因為不營養。」弟弟說。

「很好。你們知道太鹹會破壞人體的某些器官功能，太甜會胖，對身體不好。那妳們知道為什麼零食沒有營養？」

「……」兩個小孩面面相覷。

「因為我們人體需要蛋白質、碳水化合物、維生素、礦物質、脂肪這五大類食物的營養。這些營養通常是在正餐的食物裡面，比方蔬菜水果裡就有很豐富的維生素和礦物質，但是零食裡面卻很少。我們吃魚、肉、蛋、奶、豆類食物可以提供蛋白質，建造我們的肌肉，但是零食裡面少有蛋白質。零食裡面最多的營養是碳水化合物，就是熱量，會讓我們長胖。所以，你知道如果我們只吃零食，不吃正餐，會怎樣嗎？」

「不知道！」兩小聽得很專心。

「就會變得很矮、很胖，沒有肌肉，也不會聰明、健康。」

「如果你想要變得很矮、很胖，沒有力氣，而且很笨、牙齒常常流血、一天到晚感冒的話，那就只吃零食，不用吃正餐。」

不要小看五、六歲的孩子，兒子聽完我的長篇大論之後，雖然還是很愛吃糖果、餅乾，不過對於「飯後才能吃」的規定，他就願意遵守了。每次在外面拿了別人送的零食，他會先放進口袋，等餐後再吃。

對於一些生活常規，我一定會把原因清楚地說給孩子聽；我認為，如果規定連自己都說不清楚，孩子當然不願意遵守。

對於「挑食」這個問題，我也有自己的做法。我容許孩子有選擇自己喜歡食物的權利，但是唯一的原則就是：「沒吃過的東西，至少要嘗嘗看。」

很多食物的營養素是有替代性的，孩子可以不喜歡吃肉，只要他吃蛋和奶；他可以不愛吃水果，但至少要吃蔬菜。只要每天餐桌上提供的，是營養健康的食物；而且大人不要因為孩子挑食，就另外為孩子準備他愛吃的食物。那麼，孩子就一定可以攝取到充足的養分。因為，他們最後會知道，如果因為挑食而造成沒有東西可吃，就只能餓肚子！

我很幸運，跟婆婆同住，所以孩子外食的機率不高，餐桌上每頓飯一定都有五大類營養（澱粉、蛋白質、油脂、維生素、礦物質），最重要的，是一定有綠色蔬菜！我不允許孩子「醬油拌飯」，或者明明滿桌的菜，還要用「香鬆拌飯」、吃泡麵。

除了節慶假日，我很少買零食，自己也幾乎不喝飲料。孩子們跟我都很習慣喝牛奶或白開水，因此我的孩子幾乎不挑食，我想跟我的飲食態度很有關。

此外，我非常在意孩子的早餐。女兒上小學之後，每天的早餐份量雖然不多，但一定在家裡用餐完畢才去上學。穀類、牛奶、雞蛋、蔬果，都是家裡常備的早餐內容，絕少以蛋糕、點心類的甜食打發。早餐的營養，對孩子頭腦發育與上課精神、情緒穩定最為重要，絕對不可忽視。

吃飯吃得環保

我很討厭小孩浪費食物。因此在我家，要吃多少取用多少，我不許小孩拿了一片吐司，咬一口就說：「吃不下、不想吃了！」如果孩子這樣做，我雖不會逼他吃完，但當天接下來的任何零食，就都沒有機會吃了！

「既然剛剛吐司吃不下，那糖果應該也吃不下啊！」

我小時候，媽媽如果看到我們碗裡有剩飯，都會說：

「剩下飯粒沒吃乾淨，將來會嫁麻子臉！」我也這麼跟女兒說過。這雖然是個迷信，但我覺得頗能代表以往農村時代惜物的觀念。每每網路上有飢民的影片，我都會播放給孩子看，希望他們明白，有飯吃是一件多麼幸福的事情。

另外，我的車上、包包裡，都常備水壺，我盡量不在外面購買礦泉水。因為阿嬤幾乎都會開伙，因此孩子的戶外活動，我也常帶保鮮盒盛裝家裡做的食物出門，代替外面便利商店含有防腐劑的食品。一方面環保，一方面健康。我覺得教導小孩環保、不要任意製造垃圾，是很重要的一件事。

此外，我也極少去強調食物的「品牌、價格」，以免讓孩子養成非貴重食物不吃的習慣。我們應當教會孩子珍惜食物、珍惜用品。

吃飯吃得禮貌

我跟弟妹的食量都很好、吃飯規矩不錯，這該歸功於小時候，媽媽很嚴厲。在我們家飯桌上，沒有「挑食」、「剩飯」這回事，媽媽煮什麼、我們就吃什麼。如果挑剔，媽媽會趕你下桌，自己想辦法。所以我跟弟妹都會讚美媽媽煮的食物——不論好不好吃。

我也不喜歡追著孩子「餵」。孩子一旦能夠自己拿著湯匙、筷子進食，我就絕不拿著碗在旁邊，讓他一邊玩、一邊吃。我從不規定：

「妳一定要吃完這一碗飯，才能去玩！」但吃飯時間過了，東西就會收起來。

此外，我會不斷提醒孩子吃飯時要坐好，不可以蹺腳、支頤、以頭就碗，或是用筷子在菜盤內翻動。用餐時的骨頭、魚刺也不可以亂吐、亂放。用完餐，碗裡不可以有剩餘的食物或飯粒；也不可以吸舔食具或大聲咀嚼、喝湯出聲。我覺得，一個人的家教在吃飯時最能顯露，也因此我對兒女吃飯時的禮貌，會特別在意。

女兒現在三年級，她很期待學校的營養午餐。老師有次在聯絡簿上告訴我，我女兒會一邊哼歌一邊排隊等吃飯，而且她的食欲很好，全班只有她一個人需要添第二碗！老師覺得這小孩很有趣。事實上，這也是我的希望。

吃飯！多麼美好的一件事，何必讓它變成孩子的夢魘？

誠實面對自己

——誠懇地回答孩子的問題

誠實為上策：與孩子分享內心真實的想法

很多家長不習慣對孩子說實話。

明明正在跟另一半吵架、冷戰，卻對孩子說：「爸爸媽媽沒事，你趕快去睡覺。」

明明身體很不舒服，卻對孩子說：「媽媽很好，別管我，管好你自己的功課就好。」

明明婆媳問題很嚴重，卻在孩子問：「媽媽，阿嬤是不是欺負妳？」時，口是心非地對孩子說：「大人的事，小孩別管。」

明明剛剛做了偷雞摸狗的事，孩子問起只好惱羞成怒地說：「小孩子不要多嘴！」

其實，孩子是敏感的，他們很容易感受到家庭的氣氛、也很容易觀察到人際關係的不和諧，甚至父母之間的情緒與行為。然而，大人卻經常視孩子為無物，否認他的知覺，故意忽視孩子的感受，睜眼說瞎話。因此，大人這種一方面不避諱孩子、不小心言論的「亂說話」；一方面卻又在孩子提問時避重就輕，製造假象地「說假話」，很容易讓孩子胡思亂想、自己亂找答案，甚至也學會做「兩面人」，造成心理或行為上的問題。

因此，我覺得我們**大人應該要學習怎麼樣用孩子聽得懂的語言，跟孩子誠實分享自己的想法，讓孩子懂得體會父母，除了讓他們真實成為「家中一份子」，也讓他們看到父母怎樣面對問題、解決問題、處理情緒等，這些都有助於孩子的心理發展，與健全人格。**

仔細解釋成人的心理過程，讓孩子了解

有些兒童心理專家建議，夫妻最好不要在小孩面前發生爭吵。但是大家都知道，這不太容易做到。

以我來說，我的父母感情不錯，不過兩人個性都很強悍，因此三天一小吵、五天一大吵是家常便飯，我們家小孩從小都看習慣了。不過，這對我們三個孩子的感情生涯並沒有造成太大的影響，我和弟妹都不懼怕婚姻，也都找到很好的對象。我想，其中最大的原因是我的父母並不忌諱跟我們談他們吵架的原因，也並不掩飾他們爭吵、和好的過程。他們讓我們知道，他們對我們的愛並沒有改變。

因此，我也盡量試著在家人間發生衝突時，向孩子解釋我的想法跟立場。

有一次，我先生喝酒晚歸，我們夫妻發生了很嚴重的爭吵。那一次，孩子們聽到了，理所當然感到害怕，女兒上床睡覺時很傷心地哭著。

我坐在她的床沿，一邊摸著她的頭髮安慰她，一面向她解釋：

「爸爸做了我不喜歡的事，我很生氣，所以我們吵架了。但是這不是妳的錯，跟妳沒有關係，妳不要害怕。」

「我不喜歡你們吵架。」女兒苦著臉說。

「我也不喜歡，可是有時候沒辦法，就像你跟弟弟也會吵架一樣。」我很無奈地說。

「我知道，你不喜歡爸爸喝酒。」女兒很慧黠。

「是啊！」

「那妳會原諒他嗎？」

「如果他不再喝酒的話應該會，但是我現在還是很生氣。不過，不管我們吵不吵架，媽媽跟爸爸都很愛妳。」

和女兒解釋過後，她的驚嚇明顯減退許多。她很密切地觀察我們有沒有和好，看到我們和好後，顯然鬆了一口氣。經此一役，後來她對我們夫妻爭吵，已經不太會感到害怕了。

媽媽妳今天心情好嗎？

今年寒假出國，也發生了幾件小事。

第一件事是我因為在旅途中被惡劣的餐廳坑了一筆昂貴的餐費，感到悶悶不樂。隔天滑雪回程的路上，我們站在寒冷的街頭招不到計程車，正在傷腦筋時，我看到公車站牌在附近，於是很開心地帶著兒女跳上了公車。付完兩塊錢的公車票後，女兒問我：

「媽，公車比計程車便宜嗎？」

我笑著說：「是啊！便宜多了！」

女兒聽了露出天真的微笑：「那妳今天的心情有沒有好一點？」

在那一刻，我突然發現，孩子真的比我們想像得更敏感。

第二件事，是因為當地的計程車司機很喜歡向旅客推銷產品，或是謊報不實的旅遊資訊，以期你聽從他的建議購買旅遊票券。我上過一次當後，每遇司機推銷產品，我就表示我有當地的朋友在目的地等我們會合，以婉謝他的推銷。

女兒第一次聽我這麼說，覺得奇怪，張嘴欲言時，我輕輕搖頭暗示她先不要說話。等到下車後，我才耐心地向她解釋，因為我們人在外地，有時為了省卻麻煩及保護自己，不得已必須說一些謊話。

女兒一臉似懂非懂：「妳的意思是說，那個司機叔叔是壞人，他會騙我們的錢嗎？」

「我想他並不是壞人，他只是希望用這樣的方法可以多賺一些錢。」

「所以妳剛剛是騙他的嘍？」

「是。因為如果我不這麼說的話，他就會不斷向我們推銷東西，那樣會讓我覺得很為難，所以雖然說謊並不是一件好事，但像剛剛那個情形，我只好用這樣的方式了。」

這個年齡的孩子，往往有無限的問題，**絕大多數的時候，我都會盡量誠懇而詳細地回答，即使某些問題真的很難回答，也盡量不厭其煩。其中，我覺得最難的部分，是在孩子的問題中發現自己的錯誤。要跟孩子承認自己也是凡人、也會犯錯，這恐怕是所有的交談中，最難的一環。**

讓孩子學習寬容、體諒，即使是爸媽也有情緒

有天早上我去上課時，有個學生悶悶不樂地走進教室。下課後他才告訴我，早上因為

一件很小的事，被媽媽狠狠罵了半個多鐘頭。聽完他訴苦，我本來想說：

「啊！那下次就小心一點，把事情做好就好了啊！」

可是這句話，連我自己都覺得很沒說服力，顯然罵人的媽媽是處於剛起床心情不佳的狀態，孩子的錯真的很小，實在犯不著要罵上半個鐘頭。

於是我想了想，換了個說法：

「嗯，看樣子你媽最近可能很累，沒有睡飽。老師有時候也會這樣，因為家裡的事很多、很忙，又睡眠不足，脾氣就會很壞。那麼，可以原諒你媽媽一次嗎？」

孩子乖乖點了點頭，表情看起來顯然好多了。

真的很忙的時候，我的脾氣也會很暴躁。孩子一吵、我一火大，氣憤往往掩蓋理智，棍子抄起來就給他們一頓竹筍炒肉絲。這時專家學者的話，不免都拋諸腦後！

往往，能夠補救的方式，也就是在事後誠實地面對自己，也面對孩子。

「媽媽很抱歉昨天打了你，因為我當時很累，而且同樣的話已經講了很多次，叫你不要去捉弄姊姊，可是你卻一直停不下來。媽媽很愛你，也很不希望這樣的事情再度發生。你可以告訴我，怎麼做會比較好嗎？」

絕大多數的父母在發脾氣、動手體罰孩子後，都會有罪惡感、心懷歉意，覺得自己處罰失當，孩子的過錯其實沒有那麼嚴重。但是，願意真誠對孩子說出自己感覺的父母卻非常少，以致於孩子並不明白爸媽心中的掙扎及後悔，也感受不到那份愛。

孩子受了無端的處分後，往往敢怒不敢言，把怨恨積在內心。久而久之造成親子對立，增加親子的摩擦。

因此「誠實面對自己、也對孩子誠實」這點，需要經常練習。其實，事後跟孩子心平氣和地討論自己的失控，並不是那麼困難，因為孩子的心胸往往是很寬大的，面對他們最愛的父母，他們通常比大人更容易原諒對方。

偶爾，我也會跟女兒談談我的一些困境，雖然我不知道她到底懂不懂？但是我總是希望能藉由交談，讓她可以更體諒我。

小時候，我媽媽是全職家庭主婦。每天上學前，媽媽起來做早餐給我吃；放學，則騎著腳踏車來接我。每天晚上，我們都有熱騰騰、豐盛美味的晚餐吃。媽媽嚴格控管我的飲食起居，晚上準時睡覺，早上準時起來。

現在的我，一星期只有一天起來送孩子上學、做早餐；雖然每天都一定會幫她檢查功課，但經常弄到七晚八晚；雖然盡量想辦法把孩子帶在身邊，但不時得讓女兒待在很奇怪的地方寫功課，偶爾還因為工作而必須要讓孩子配合我的時間，改變生活作息。

以前我母親常說，她這輩子的成就就是我們，她為了我們放棄了自己所有的興趣與工作，全心照顧我們。我覺得我很幸福，我從來沒有上過安親班、補習班，不必外食、更從來不曾需要帶鑰匙！任何時候回家，我媽媽都在。

然而，眼下的我卻不是如此。

我的孩子有個偶爾會三更半夜才回到家的媽媽；這個媽媽幾乎不煮飯，也從來不曾送過熱騰騰的便當去學校。這個媽媽很忙碌，每天開著車東奔西跑，晚上坐在電腦前徹夜不眠，一到假日又過午才醒。這個媽媽雖然買了一個棋盤，但兩個月來只有空陪孩子下過一次棋。這個媽媽雖說有「必須養家」的藉口，但她心中也很明白，她這輩子都不可能像她的媽媽一樣，為了孩子放棄一切。

有時候我會想，不知道將來我的孩子回想起來，我會是個什麼樣的媽媽？

有一本書說，讓孩子貼近我們的真實生活、工作環境，是一件正面的事情，因為她會看到妳怎麼樣處理生活、處理危機。希望有朝一日我的孩子也能了解，媽媽雖然沒有為孩子放棄一切，但為了同時成就自己與孩子，也付出了很大的努力！

硬起心腸立界線
——教孩子釐清人我分際

人我界線大學問

在眾多的教養書中，對我影響很深的是《為孩子立界線》這本書。事實上，我覺得很多品格教育失敗、或是在人際關係上有困難，或是深為公婆、姑嫂、夫妻關係所困擾的成人，追根究柢，都源於個人的「界線」不清楚。

我與婆婆住在一起九年多，很多人乍聽我與婆婆同住一個屋簷下，都覺得很訝異，我們怎麼和睦相處的呢？事實上，我的原則很簡單，就是彼此尊重彼此的界線，也尊重各人的空間。我們是一家人，但是我們都是獨立的個人，彼此並沒有「權利」與「義務」，而是「互助」與「關懷」。婆婆跨越我的界線時，我會婉轉地說清楚；她希望我遵守她的界線時，我也努力配合。

管教小孩也是。有時候，我看到一些媽媽在管教小孩欠缺原則，造成小孩利用「模糊界線」達成目的。比方說，原本說好出門不買東西，結果孩子在街邊賴地要求買玩具，媽媽拗不過就答應，或是說：「好啦！好啦！那妳不要哭，我買飲料給你喝。」或是，明明說好十分鐘後要離開現場，可是十分鐘後孩子不走，媽媽就無奈地在旁邊等。最常見的還有：明明是孩子該收的玩具，媽媽一邊罵、一邊卻動手幫忙收；或是明明已經講好半小時內吃完飯，否則不准出去玩，但吃不完媽媽卻一匙一匙勉強餵完，然後還是一起出門……

像這類情況就是**「界線不清楚」。孩子了解你沒有原則，就會越來越「盧」、越來越「番」，因為他知道，只要吵鬧你就會投降。公婆、姑嫂、丈夫也是，剛開始每個人都想試試看，看你可以忍受到什麼程度，於是你越是不吭聲，大家就當作你心甘情願。**

界線背後的用心與責任

有次我去宜蘭演講，當我說到我家包括五歲的弟弟在內，每個人每週都必須各自摺疊自己的衣物、各自收拾自己的房間及書桌，因為衣物是阿嬤或我負責洗的，所以脫下來換洗的衣物如果忘記「翻正」，懲罰就是「翻過來、翻過去翻二十遍」時，大家都「喔」的一聲，好像覺得我太過嚴厲。事實上，孩子除了要分擔家務，也必須協助其他人的家務工作。如果大家都不把衣物服翻正清洗，那麼當週負責洗衣服的人就必須要翻二十件以上的衣物，這對於洗衣服的人來說是一份辛苦的額外工作。因此孩子必須要體會，並練習減低彼此的負擔。

另外，我也規定功課沒有訂正，就不算完成。所以女兒一而再、再而三忘記訂正前頁作業的錯誤時，處罰就是不能夠參加隔週一下午和「媽媽PLAY」小朋友一起出遊的活動。

女兒被處罰的那一週，行程是「科學館、美崙公園」。於是我請友人帶弟弟去，我帶著她單獨在家。

弟弟回來時，女兒一臉忍不住嫉妒地問：「你們今天去哪裡？」

弟弟說：「去科學館。」

「哼！科學館我去過了。」她知道我在看她，故意擺出一副無所謂的表情。

「喔！還有美崙公園。」弟弟想起來似地補充了一句。

「美崙公園沒什麼，我去過好幾次了！」她再度擺出一副「這種處罰沒什麼了不起」

的態度看著我，一副和我挑戰的神色。我笑笑沒說話。

過了一會兒，她忽然發現弟弟手上有個她沒見過的小玩具。

「你怎麼有這個？」她質問弟弟。

「這是我在士林夜市玩射氣球贏來的！我們還玩了撈魚、套圈圈……」弟弟渾沒察覺姊姊的臉色越來越難看……

「哇……」女兒大哭起來，一邊忿忿不平地看著我。於是，我只能看著她、很抱歉地說：「我知道妳沒有玩到很生氣，但妳非常明白，妳是為什麼不能夠去玩的！」

她「砰」一聲甩上門，躲進房間哭了許久。

但是隔週，她所有的作業簿，錯誤都訂正了，完全不再需要我或老師一再重複提醒。

同樣的，某天早上，換兒子遭受處罰。我們出門時原本是要送他去「媽媽PLAY」教室做餅乾。但是因為他一連說了許多早已約法三章、不應該對我講的「難聽話」，於是，我很平靜地對他說：「今天我不能帶你去教室玩了！」並迴車掉頭，往攝影棚駛去。

當場，兒子便痛哭倒在後座！（兒子、女兒都很討厭跟我去錄影，因為待在攝影棚裡很無聊）。他開始道歉、認錯，但我仍然不為所動。

練習鐵石心腸，耐心樹立界線

要樹立「界線」，初期往往是很辛苦的。比如說，你要一次一次提醒或教導他去把書包放好、收碗放筷、收衣物、收玩具，甚至得「收玩具」、「收玩具」、「收玩具」……

像壞掉的留聲機一樣每天重複同樣的要求來堅持底線。

父母也必須清楚「立界線」跟「冷酷」是不一樣的。硬心腸的部分，是針對實踐界線的部分，並非情緒處理的部分。妳可以同情或同理孩子的感受，表現你的愛，但不能沒有原則。當孩子因不能達成目的而哭鬧時，我會抱抱他、等他發完脾氣，接受他在房間哭，甚至等他的情緒平靜下來後進房跟他聊聊，陪他讀一本書。但我不會改變既成的事實。

當你的界線清楚，孩子將會在很短的時間內知道，做錯的事不可以再犯，但不影響「你愛他」的認知。

朋友以前看我訓練「媽媽PLAY」教室的小孩收玩具，常笑我：「光看妳督促他們收玩具，乾脆自己收一收比較快！」但是，費時、費力、費唇舌當然是有效的，堅持了一個月，孩子們從一開始哭得一把眼淚一把鼻涕地收玩具，現在是一個口令一個動作，滿房間的玩具只要二十分鐘就可以清潔溜溜！為了建立好界線，這些辛苦都是必須付出的。

最難的，有時候是面對孩子的求饒與眼淚。

媽媽都是心疼孩子的，有時看著孩子必須眼睜睜放棄原本的快樂、福利從眼前消失，或是甚至必須連媽媽的福利也陪著一起消失，難免內心動搖。像我，也常在每一個還來得及回轉的路口，想著：到底要不要堅持取消他的遊戲行程？但我很明白，孩子可以不打不罵，民主對待，但管教的界線一定要非常清楚。否則，他將會變成一個嬌縱、品格低下、不負責任的孩子。長大之後，又會成為一個沒有界線的人，不但別人受害，自己也受害。

所以，硬起心腸立界線，真是每一個父母需要練習的課題啊！

網路迴響

Edward：這篇讓我想到養狗時上的訓犬課程，用在教育小孩時也是同樣的道理。

記得課程一開始，訓練師說其實我們大多數的人期望訓練狗所要做到的事情並不會很多，隨後訓練師便請所有學員寫下期望狗狗達到的十條規範。大家都填寫完畢之後，原以為訓練師即將要開始分享他所知道的厲害訓犬技巧，不過訓練師並沒這麼做。

他請大家刪掉無法執行、主人自己無法百分之百遵守的，再請大家看看，如果你是那隻狗，是否能百分之百明白並達到，如果不行也請刪掉。最後請大家自己看看還剩幾條，訓練師分析這就是大家訓練為什麼會失敗的原因了：

模糊不清、無法執行、過於嚴苛，都是失敗的主要因素。而大多人所列「要很乖」、「不要叫」、「不要亂跑」……就包含在裡面。

最後，訓練師請大家開始調整所寫的規範，調整成看得懂、做得到、可以執行的，不需要特別技巧，只要去執行就行了。教小孩我也常用同樣的方法寫下來，發現自己常常也有很多矛盾之處需要調整。執行的確需要嚴格，但是規範訂得好，執行相對容易成功，當然我承認也常有心軟的時候。這時我會想起訓練師的技巧，當你突然想給零食的時候，別忘了先喊一聲「坐下」，對小孩心軟的時候，別忘了先替自己找個好理由。

安儀：很有趣也很有道理！最後一句真妙，我有時候就是會這樣，比如說，自己突然想吃零食或泡麵，或是喝飲料吃垃圾食物，就會先讚美小孩某一件事，然後大家一起吃零食。

「想要」與「需要」

——等待與得不到背後的幸福

我「想要」波妞

某個星期四晚上，上完作文課，順道去文具行買點小禮物給我作文班上的小朋友。女兒在那兒看到了宮崎駿電影〈崖上的波妞〉的主角「波妞」玩偶，一見鍾情，愛不釋手。

「媽媽，我好喜歡這個波妞喔！妳可以買給我嗎？」

「妳喜歡的話，可以自己存錢買。」

八歲的孩子，開始對「買」這件事有了具體的欲望。

有一年親子聚會教室「媽媽PLAY」辦了場義賣會，女兒把爺爺給的一百多元零用錢在義賣會場上花光光之後，她就開始要求我給她零用錢。我想想也好，定期讓她有一些自己能支配的錢財，一方面可以讓她學習金錢的價值，另外也可藉機教導她「儲蓄」與「理財」的觀念。

因此，女兒從二年級開始學會簡單的加減法後，我便每星期給她五〇元的零用錢。不過，因為才剛施行第一週，所以她身上只有五〇元，還不夠買二二〇元的「波妞」。

於是她看了半晌，把「波妞」放回去了。

可是，她對「波妞」念念不忘。

二二〇元的黑市交易

某個下午，我在「媽媽PLAY」教室裡幫忙，我聽到女兒悄聲跟她的好朋友晴晴嘀嘀咕咕地不知道在說些什麼。過了一會兒，她興高采烈過來跟我說：「媽，晴晴喜歡我的貼紙，要用二二〇元向我買，那我就有二二〇元可以去買波妞了！」

晴晴的媽媽小樺在旁邊聽到，氣得差點翻臉，把晴晴叫過來，訓了她一頓：「媽媽賺錢很辛苦，妳不知道東西的價值，怎麼可以隨便答應用錢去換？媽媽要辛苦工作一小時，才能賺一百元喔！二二〇元要工作兩小時，妳覺得媽媽兩個小時的辛苦工作，只換來一張貼紙，這樣值得嗎？」

我也立刻對女兒說：「不可以。因為妳的貼紙並沒有二二〇元的價值。這一張貼紙在外面商店裡買，頂多只需要二〇元，晴晴如果花了二二〇元，至少可以買十一張貼紙喔！妳這樣賣給她，她就吃虧了！我們怎麼可以讓好朋友吃虧呢？」

我把同樣的話反過來，也對晴晴說了一遍，於是兩個孩子似懂非懂地點點頭。

交易不成，兩個孩子都有點失望。

女兒想了一想問我：「媽媽，那這樣好不好，妳先給我以後的零用錢，那我就有二二〇元可以買波妞了。」

我笑了：「這個辦法不是不可以。可是，這是一種『預支』的方式，接下來妳就會有五個星期沒有零用錢。萬一在這五個星期中，妳看到更想買的東西，怎麼辦？而且，還要算『利息』喔！也就是說，我先借錢給妳的話，妳要花更多的錢才能買到那隻『波妞』！」

她聽了之後，猶豫半晌，無法決定要不要這樣做。

「想要」並不等於「需要」

但是，在去吃飯的路上，她還是在想那隻可愛的「波妞」。

她苦著臉對我說：「媽媽，我真的很想要嘛！」

我微笑著說：「我也有很多東西很想要啊！可是，不是所有很想要的東西，我們都買得起，或是一定要擁有啊！」

「媽媽，那妳想要什麼？」

「我啊……」

女兒突然這樣問我，我竟一時也想不出來我想要什麼。想了半天，我說：「我不缺什麼，只希望每個月賺到夠用的錢就好了。」

「那爸爸呢？爸爸你想要什麼？」女兒問完爸爸之後，卻自言自語起來：「啊！爸爸一定是想要買很多香菸，把自己的肺弄壞。唉！算了！」

靜默了片刻，她突然改變話題：「媽，為什麼富翁很有錢？要怎麼樣才能當富翁？」

我想了一下回答：「有些富翁是因為他的爸爸媽媽很有錢，也有些人是因為他很會做生意、賺錢，或者是製造了很棒的東西，所以賺到了很多錢。」

女兒聽完之後嘆了口氣說：「啊！要是我像『小英』一樣有錢就好了。」

因為最近我們每天都在看〈阿爾卑斯山少女〉——「小蓮」的故事。裡面有個不良於行的女孩「小英」，家境很好，是她知道的少數「有錢人」。

我跟爸爸不約而同笑說：「那妳想像她一樣坐輪椅嗎？」

「妳想要很有錢，但是媽媽死掉、爸爸在遠方工作，只有兇管家羅曼亞陪妳嗎？」

女兒尷尬地分辯：「我只是說我想像她一樣有錢。」

「可是，有錢人不一定擁有妳所擁有的，也不一定快樂啊！妳看，小英很有錢，但不快樂。」

我看她一副落落寡歡的樣子，便耐心對她說：「妳知道嗎？『想要』並不等於『需要』。我們『想要』的東西很多，但不一定是我們『需要』的。」

「比如說，妳說妳很羨慕人家有露營車，裡面有廁所、床……可是，我們買不起露營車。但是我們雖然沒有露營車，一樣可以去露營，對不對？所以，露營車就不是我們『需要』的，而是『想要』的。」

女兒睜大了眼睛望著我，不明白我在說什麼。

我再舉一個例子：「可是，上學需要鉛筆。沒有鉛筆，就不能寫字。那麼，鉛筆就是妳『需要』的，不僅僅只是『想要』的。」

「我們人『需要』的東西不多，但是『想要』的東西很多。妳『需要』的東西媽媽一定會買給妳，但是『想要』的東西，就必須要靠妳自己存錢去買嘍！」

「而且，人的『想要』經常會改變。人有時候會很想要這個，但過幾天又想要另外一個東西。像妳上次要求我買『彩繪指甲機』當生日禮物，結果過一陣子妳又說妳後悔了，比較喜歡『織毛線機』。所以，『想要』經常在改變，當妳有想要的東西時，不妨等一等，以免看到更想要的東西時，錢花光了、就沒有錢買了。所以，我建議妳不用急，等妳存到二二〇元時，再做決定。」

女兒嘆了一口氣，狡辯說：「可是我覺得我是『需要』波妞，不是『想要』波妞。」我知道她「理智上已經聽懂」，只是「情感上不能接受」，所以笑了笑不再說話。

其實這是一種價值觀的討論。孩子當然不會馬上就懂，這個課題也是我們思索一輩子的課題。但是，重要的是思考的「過程」。要求她自己存錢，主要也是教導她「選擇」與「等待」。

「得不到」背後的幸福

人在世界上，「想要」總是勝過「需要」非常多。比如說，明明只有一雙腳，但卻買上幾十雙的鞋子；明明只有一個身體，卻有上百件的衣服。

於是，當「想要」的欲望大於本身的能力時，各種悲劇就發生了！很多卡奴、卡債，不就是最好的例子？

很多有錢人在教育小孩的時候，總是盡其所能滿足孩子的需求，有求必應：「我有錢，幹嘛不買？」於是小孩幾乎完全不珍惜身邊的東西，掉了反正媽媽會再買，想要什麼就一定能得到……其實並不是一件好事。

一個不懂得「等待」與「得不到」是什麼的孩子，將來長大，當「想要」在現實生活中無法實現時，人生可能會出現問題。小則貪贓枉法，嚴重的則可能會殺掉得不到的情人……這些都是可想而知的結果。

只有看得清自己的「想要」與「需要」的人，才能活得快樂、自在，而不會迷失在追求名牌物欲或盲目的金錢遊戲中。

寶貝女兒啊！妳是我捧在手心裡的公主。但將來有一天，妳會明白，當一個公主也有很多「想要」卻得不到的東西。到那時候，妳就會了解，媽媽不願為妳完成所有心願，是因為，我是真的愛妳。

不理人的下場

——讓孩子自訂罰則

老是愛唱反調

五、六歲左右的孩子，都會經歷喜歡跟父母唱反調的階段。比如說出外旅行時，偏偏不肯照相；或是你叫他，他就來個裝聾作啞，相應不理，往往令家長怒從中來。

有一回去清境露營，隊友的孩子就是這樣。叫了半天不回答也就算了，連頭也不抬一下。他爸爸一火大，拉到旁邊去「啪！啪！」兩個巴掌，打得孩子大哭，接下去幾天都在跟爸爸鬧情緒。

我兒子也差不多，前兩天我們要去地下室開車出門，他站在一樓院子裡不知道在做什麼，叫他半天也不回應。我算過，每次叫他到他回應，至少要叫個十聲，他才會愛理不理地抬頭，真的是很可惡。看我生氣嘟囔，老公說，妳不會學別人也拉過來揍一頓啊？

我的確是很想。不過，顯然這個階段的孩子想表達的是自己的獨立性，不願意聽從大人指揮。仔細想想，通常我們叫孩子、孩子不應的時候，都是因為我們要叫他做一些他不想做的事情。比如說要他放下正在玩的玩具去洗澡，或是打斷她正在觀察路邊的一朵花，要她走快一點……之類的。既然明明知道大人叫喚我是要我做我不想做的事，那我就乾脆來個置之不理！

想通了這個理由，我對孩子「不應」的這件事，怒氣就沒這麼大了，只是一直想著，要怎麼樣才能解決這個問題。畢竟，聽到別人的呼喚卻不回答，不但是沒有禮貌的行為，有時候也確實會造成溝通上的困擾。

不理人的下場

剛好機會來了！我們有天晚上去某家大賣場買一些日用品。接近打烊的時間，賣場裡只有寥寥數人。我跟先生正在研究洗潔劑的品牌，孩子們在旁邊跑來跑去。我每次去賣場都會告訴女兒，他們要去看別的東西沒有關係，但要先告訴我們一聲。那天看他們走遠，我在後面喊，想問他們要去哪裡，結果兩個孩子都不理會，對我的頻頻呼喚，連頭也不回，一下子就在賣場裡消失了蹤影。

先生要去找他們，被我拉住。我說：「別找了，這兩個小孩需要一點教訓。」他有點疑惑，我告訴他，這間大賣場是會員制的，櫃臺、門口都有員工層層把關，再加上接近打烊，賣場人很少，我們家那個超級大個子絕不可能被趁亂帶走，頂多就是找不到我們然後去櫃臺報到罷了。於是，我們取了要買的東西後，繼續悠閒地逛。果然，二十分鐘左右，我接到櫃臺小姐的電話：「請問是陳小姐嗎？妳的兩個孩子找不到你們，在櫃臺哭。」我笑著對櫃臺小姐說：「謝謝妳，讓他們再哭久一點，我等一下結帳後再去領他們。」

又過了二十分鐘，我們走到結帳台，老遠就看到兩個小孩坐在餐飲桌前。老大哭得眼睛紅紅的，老二呆呆地坐在姊姊身邊。一看到我，兩個小孩氣急敗壞地飛奔而來：「媽媽，妳到哪裡去了，我們都找不到妳。」

這回換我愛理不理了：「我剛剛有叫你們啊！我叫了你們好幾聲，想告訴你們我要離開賣洗潔劑的地方了，可是你們都不回頭看我一眼。」

姊姊擦乾眼淚：「媽，妳有替我買《查理與蘿拉》嗎？」

我笑一笑：「很抱歉，我本來要替妳買的。但是既然妳亂跑不見了，我就只好放回架子上去了。」

女兒一聽之下，又開始放聲大哭。兒子則很尷尬地看著我。

由孩子自訂規則、練習回應流程、學習交涉技巧

回程時，我對兩個小孩說：「我知道我叫你們時，你們可能正在忙你們的事，不想被打斷。但是，有時候媽媽有很重要的事要告訴你們，或是要問一下你們的狀況，你們不回答，就容易再發生今天這種狀況。所以，下次媽媽叫你們時，你們覺得應該怎麼辦呢？」

兒子口齒伶俐，立刻回答：「要說：『喔！我在這裡！』」我補充說明：「對，或是你也可以簡單回答『什麼事？』媽媽就可以告訴你我要告訴你的事。如果你不想做，你可以拒絕，或是跟媽媽商量『再玩五分鐘可以嗎？』之類的，但是不可以裝做沒聽見，或是不回應。」

我接著說：「那麼，下次叫人的時候，如果再裝做沒聽見要怎麼辦？」

我兒子想了半天回答：「那就五天不能去教室（指「媽媽PLAY」）！」

嚇！這對每天都要去那邊跟小朋友玩的青青來說，可是個嚴重的處罰。而且是他自己提出來的，按照他的個性，一定會確實執行。我很滿意地點點頭：「是你自己說的喔！那就記得，從現在開始喔！」

我們當場練習了幾遍「叫人、回答、商量」的流程。

「青青！」

「什麼事？」

「去洗澡嘍！」

「我可以再玩五分鐘嗎？」

隔天開始，狀況真的改善了很多。只要我叫他、他不應，姊姊就會在旁邊提醒：「五天喔！你要五天不能去教室嘍！」弟弟聞言就會立刻抬頭：「媽，什麼事？」

要孩子改掉壞習慣，「打」看起來似乎最快奏效，卻是傷害親子感情的做法。如果能讓他理解規範的重要，並自己制訂罰則，才真的有機會改過。而且，因為罰則是自己訂的，孩子才會心悅誠服，願意遵守。

這是我自己的體悟之一。

滿嘴沒好話的孩子
——正向看待負向氣質的個性

某個星期天，我在「媽媽PLAY」教室幫忙，做完「黑糖地瓜司康」之後，大家一面享用剛出爐的司康餅、一面聊天，有位客人跟我們分享他們前一天去北海岸潮間帶玩的照片，以及超大顆的美味海膽餐。看到滿地亂爬的寄居蟹，我異常心動，決定選日不如撞日，立刻吆喝大家回家拿了換洗衣物，殺去北海岸！

沒想到，因為出發時間晚了，再加上路標不明顯，找路花了一點時間，到目的地時已經接近下午四點。偏偏天公不做美，正要下海玩的時候，竟開始下起雨來，當然，有我這個瘋狂媽媽領軍，孩子們還是淋著雨下海去撈魚、找寄居蟹，不亦樂乎；不過，玩了不到一小時，天色越來越暗，傾盆大雨開始落下，風也大了起來，大家只好上岸換上乾衣服，坐在涼亭裡欣賞海岸雨景。

眼看大雨不停，孩子們都有點失望，我們也不甘就此打道回府，於是又上車東繞西找，終於找到了朋友說的那家民宿。敲開了門，運氣還不錯，雖然已經沒有餐點，但新鮮海膽倒是還有。非常愛吃海鮮的我，第一次看到現剖的海膽，興奮異常，一嘗之下果然十分鮮美。晚上吃完海鮮大餐，我們才心滿意足地踏上歸途。

悲觀派與樂觀派

在大雨裡去海邊玩，是一個很特別的經驗，有趣的是，也可以從中看出孩子們的先天個性與氣質。大人們個性成熟，雖然天氣不好減了遊興，卻懂得忍耐，以免掃興，但孩子們不懂得這個道理，便出現了兩種類型：

一種就是不停抱怨的「悲觀派」。剛好我們同行的孩子中有一個這樣的孩子，不論到哪裡他都是先批評：

「這裡不好玩！」

「完了！下雨了！」

「我又不吃海膽，很無聊。」

種種令人掃興的言論，令大人聞言十分尷尬，他父母幾度忍不住出言責備他：「再這樣說，下次就不帶你出來了。」

另一種就是苦中作樂的「樂觀派」，我女兒就是這類小孩的代表。她看到下大雨了，仍很樂觀：

「沒關係，說不定一會兒就停了！」

而且隨時不放棄希望地詢問：

「媽媽，我們等一下還有機會下海去玩嗎？」

就連聽到要吃她從沒吃過的海膽也很開心：

「那等一下我們可以看到活的海膽嗎？」

天生氣質是決定性因素：正向看待負向氣質

我以前一直以為，「樂觀」或「悲觀」和後天環境、教養有絕對的關係。後來在上了一些兒童心理學的課程、看了相關書籍之後才了解，原來一個人的「悲觀」、「樂觀」受天生氣質的影響，竟然比後天環境影響大得多！

我很幸運，我家女兒是屬於那種天生樂觀的孩子，這樣的孩子比較討喜；然而，不可否認，有許多孩子就是所謂「狗嘴裡吐不出象牙」的那一類，天生喜歡批評、抱怨，對生活存有許多負面，甚至唱反調的看法。教養這樣的孩子通常比較辛苦，因為他們不容易討大人歡心，也不容易受到同儕歡迎。

熟悉教養書的父母可能知道，心理學專家將孩子的天生氣質分成「九」大面向：「活動量」、「規律性」、「反應閾」（敏感度）、「反應強度」、「適應性」（對環境的適應）、「趨避性」（對新事物的接受程度）、「堅持度」、「注意力分散度」及「情緒本質」。

前面幾項比較容易懂，在此不多贅述。從嬰兒時期，每個孩子的不同就極為明顯。不過，對於「情緒本質」這個部分，我從前並沒有這麼大的體會，大概是因為我的兩個孩子都屬於「情緒本質正向」的孩子，天生容易感受到環境裡讓他舒服、愉快的事物，總是展露笑容、甜蜜開心，所以我沒有這種困擾。但是，隨著周遭認識的孩子增多，我發現屬於「情緒本質負向」的孩子也不在少數。

這些孩子比較容易感受到環境中不愉快的部分，哭泣、發怒的時間居多，說出來的話總是沒一句好聽的，讓大人覺得他們難搞、麻煩，甚至讓父母覺得丟臉、尷尬、抓狂。

可是，「情緒本質負向」的孩子，他是天生氣質如此，並不是故意的。因此，無論妳的孩子屬於哪一種類型，大人唯一可以幫忙的就是：「正向地看待他的個性。」意思就是說，習慣吹毛求疵的孩子，將來可能是一個很棒的評論家、發明家，只要我們要幫助他學習將「追求完美」的性格用在正途上，而不要把這樣的個性用在對付親密愛人或家人的身上即可。

對孩子也要有同理心，堅持原則，以不變應萬變

另一個方法，就是以同理心體諒他的抱怨，但要逐漸教導他用適宜的態度去面對，也就是建立規範。

比方說，媽媽辛苦煮了飯，結果這個喜歡說難聽話的孩子一上桌，卻大剌剌地抱怨：

「我最討厭吃飯了，為什麼不煮麵？」

但是妳明明知道，如果你隔天煮的是麵，這個孩子一定又會說：

「我想吃飯，為什麼老是煮麵？」

那麼妳該怎麼辦呢？揍他一頓、不許他吃飯？然後把自己氣得半死？

或許妳可以試著說：

「喔！原來你今天不想吃飯（或麵）。」**（先接納孩子獨特的感受）**

「媽媽很樂意煮你想吃的食物，不過因為你沒有提前說，媽媽並不能保證天天合乎你的心意。那麼，你現在可以選擇吃或不吃。」**（堅持該有的規範）**

同理，孩子若是抱怨：「今天這裡好無聊！難玩死了！」

媽媽也可以不用動怒說：「不好玩就算了！那下次就不要再帶你出來玩了！」

而可以心平氣和地改說：「喔！你覺得今天不好玩。」**（同理而非責罵）**

「媽媽也很希望今天是個好天氣，不過，天氣不是我們能控制的。雖然下大雨，但是媽媽還是很希望可以出來走走，才決定開車出來。你可以決定今天要不要玩得開心。不過，我們下一次可以找個好天氣再來玩一次。」**（引導他思考如何解決他的負面情緒）**

這類的情況還有很多、很多。例如孩子選了一個玩具，事後後悔了。

孩子：「我怎麼這麼倒楣，選了這麼爛的玩具！」

生氣的媽媽可能很容易脫口而出：「我花錢買給你還嫌，還給我！不准玩了！」不過事實上這樣並不能讓孩子體會到他口出惡言所造成的損害。

不如換個方法：

「看樣子，你現在不喜歡這個玩具了。」**（「同理」孩子的心情）**

「很可惜，媽媽花錢買玩具給你，本來是希望你開心。不過，現在已經沒有機會可以更換了。等我們明年再買生日禮物時，你可以好好想一想，選一個不會讓自己後悔的禮物。」

我在作文班裡也常見到這樣的孩子：

「老師，妳的禮物好爛喔，都沒有我喜歡的！」

通常，我都會和顏悅色地說：

「啊！老師辛苦地準備小禮物，卻被你嫌棄，我很難過喔！不過，老師今天準備的小禮物就是這些，很抱歉沒有你喜歡的，但是你可以自由選擇要拿或不拿，都沒有關係！」

通常，我這些話一出口，孩子就會露出稍帶歉意的笑容，然後閉口不言，乖乖過來選禮物。因此，我發現這類孩子只是「習慣性挑剔」而已，並不見得是真的故意要藉此傷害對方的感情。所以，只要你換個態度同理並接受他們的情緒，他們就會改變態度。

如果，大人們能夠一方面展現對孩子的了解與接納，另一方面協助孩子體認生活中難免有不能盡如人意的事，那麼這類孩子就能自在地說出想法、抒發感受，不舒服的情緒就能得到紓解。

當然，面對這樣的孩子，即使用對方法，也未必能夠立竿見影。所以很多**心理學專家建議：「溫柔的等待」、「用心而不期待的篤定」是最好的藥方。孩子只有在被理解的情緒裡，才能夠覺察自己的特質，學習說抱歉，並逐步懂得關照別人的感受。**

我想，親子間很多的衝突，經常都來自於不會處理「負向情緒」這個問題，尤其是當眾多子女中，有一個這樣個性的孩子時，爸媽就很容易有「偏心」狀況發生。這其實對於「負向情緒的孩子」是不公平的，因為他並不是故意這樣的。我自己在親身嘗試過幾次之後，也發現這樣的做法，是最容易做到、也最有效的一招，大家不妨試試！

網路迴響

Ring：我雖然才二十六歲，也還沒有小孩，卻從這裡看到了許多值得學習的人生觀念，此外也會分享給有兩個小孩的大姊。

這篇卻讓我非常心有戚戚焉，因為我本身就像妳文章內提到的屬於「情緒本質正向」的孩子，還常常被人家說是樂觀過度呢！而我男友卻是個屬於「情緒本質負向」的孩子，常常讓我氣得火冒三丈。看了妳這篇文章，讓我反省了相處和對應的模式，也會開始學著去接受，和去磨合更好的相處模式。

安儀：對於情緒正向的孩子，唯一要注意的就是他笑容後面是否有不為人知的不快樂，因為情緒正向的孩子，有時候會讓人忽略這點。

james：三月的時候，Oprah網站有一篇文章，叫做負面思考的力量（The Power of Negative Thinking）。文中提到，有35%負面思考的人，可以培養出學界稱為防禦性的悲觀心態。他們可以透過列出每個可能會發生的問題，來減輕自己的壓力。

我認識一個天生的負面思考者，剛開始合作時，會覺得他怎麼狗嘴吐不出象牙，盡是往壞的方向想。但是一段時間後，發現他的想法充分建立在別人失敗的經驗與事實之上。這種建立在經驗上的反向意見，在團隊合作上是非常重要的。現實世界跟電影完全不一樣，不是靠著樂觀與笑容就可以一次度過危機，就算拍片時也是NG好多次才成功。如果真的是天性，試著教小孩一一把問題列出來，減少焦慮，說不定就可以成為一個優秀的反向思考者。

安儀：是的！你也寫得非常好，我要轉給我的朋友看，因為她總是很為這樣的孩子喪氣！一個優秀的反向思考者！

功課風暴

——寫錯還比空白不試試看來得好

由孩子安排時間，自動自發不是夢

女兒從幼稚園起，我就把一個小白板放在門口，請她自己畫下生活常規及每天要做的事，像是放學回來放好鞋子、把髒便當放入洗碗槽、把髒衣服丟洗衣籃、睡前刷牙、整理書包……等等，大概有十件左右固定要做的事。每做好一件，她就可以貼上一個白板貼，每天十個白板貼都貼好後，隔天就可以看半小時卡通。反之，則不能看卡通。執行大約一個月後，就不太需要白板了，也不必再時時叮嚀這些小事。

上學之後，她的自動自發更是讓每個媽媽羨慕。早上聽到鬧鐘就自己起床、自己穿衣、漱洗、整理書包，就連「做功課」這件每個媽媽都煩惱的事，也從不必我操心，她總是自己處理得好好的。我每天要做的事情，就是晚上幫她看看作業，指出錯誤，然後在聯絡簿上簽好名，僅此而已。

很多媽媽都以為，女兒的習慣是我「規定出來」的。事實上剛好相反，我從未要求她一回家就做功課。

我的想法很簡單。大人都不見得喜歡把每天一定要做的工作提前做完，那麼，我又何必這樣要求孩子？所以，我通常都只告訴她，這個週末有哪些行程，或是今天我們要做哪些事……做功課的時間，就由她自己安排跟決定。

比方說，她一、二年級時，星期一中午放學回家（女兒沒有念安親班），下午通常一定會做兩件事，那就是「溜冰」與「上提琴課」。兩者連車程時間算進去，大約會花掉四小時。所以她通常會先睡個午覺，上完才藝課，晚上回到家，吃過晚飯才開始做功課。但是星期三，因為傍晚我會帶弟弟去國小操場踢足球，她也會跟著去玩，足球課結束後，我們可能又會跟別的媽媽一起去晃晃、玩耍、租帶子回家看，所以她中午一下課就立刻先把功課「解決」掉，好留下整個下午、晚上的時間大玩特玩一番。至於週末，我會預先告訴她要去露營、或是要去看戲的時間，她自己會找空檔把功課做完。

所以，我很少需要叮嚀她做功課。事實上，她做功課的時間一向很快，一年級時每天大約花個十五分鐘，二、三年級大約也只需要半個鐘頭。除非碰到不太懂的數學題目，需要花上長一點的時間反覆教導，否則訂正作業時，多半也僅需要十五到二十分鐘即可。

有媽媽問：「妳陪小孩做功課嗎？」

答案是：「不。」

但有個附帶條件：「我從不在她做功課時在一旁看電視，或是聊天說笑干擾她。」女兒剛上一年級時，我陪著她做功課大約一週，確定她了解「做功課」是怎麼回事，並可以自己完成作業、沒有困難之後，我就不再陪了。

別當橡皮擦父母

不陪的原因，第一是因為我覺得不必要。第二是我有工作，也不可能每天都有時間陪她完成作業。第三，我不喜歡一邊陪她做功課、一邊罵她、一邊把她寫好的字擦掉。我覺得那種「橡皮擦父母」是一種對孩子的不信任與不尊重。

我遇過很多邊擦、邊罵的媽媽，我發現，這些小孩後來寫功課都變得很被動，而且會花上過長的時間做功課。道理很簡單：「既然我寫的妳都要擦掉，我不如等妳來再寫。」或者是「不管我做完多少功課，妳都會再找一點事情給我做，那麼我不如慢慢做。」

所以我不陪孩子做功課。但是，我們家的孩子做功課一定在她自己的地方、桌上做功課。我規定玩具必須留在遊戲間，不可以帶進臥室。這樣做的原因，除了我不喜歡家裡到處都是玩具、造成整理困難之外，我也不喜歡書房裡有太多引孩子分心的東西。因此，女兒一上書桌做功課就很專心。我後來自己教作文課時也發現，女兒雖然很好動，但她的專注力夠高，一旦開始寫作文，周邊的吵鬧都可以聽不見，因此她三年級的時候，就可以在我預留的四十分鐘內完成大約五百字的作文。我想，這也是平日養成的習慣。

有媽媽又問：「如果不陪她做功課，那寫得很難看的字，最後不是全部要擦掉重寫？不等於重寫一遍功課？」

其實不會的。只要妳不要用大人的標準去看孩子，就不至於如此。

每天簽聯絡簿時，我會一一檢查必須改正的錯誤，包括筆畫錯誤、超出格子、嚴重歪斜、扭曲，以及句子不通、錯誤的句子。對於不甚美觀的字形，我會建議她怎麼寫才好看，但是我不會要求她每個字都達到我的標準。所以，通常需要改正的並不太多。

事實上，回憶自己的寫字歷程，真正字形開始變得漂亮，印象中也是高年級、國中的時候了！那時候，看見同學的字很漂亮，便會慢慢模仿，到高中左右字才漸漸定型。所以，媽媽們又何必急於一時呢？

另外，有兩種功課我是不「幫忙」檢查的，一種是默書、聽寫、小考，另一種就是閱讀圖書。

在我看來，默寫、聽寫這類功課，是要自己練習的。媽媽並不是幫孩子讀書的機器，所以教導錯誤跟不會的部分就夠了。溫習的部分，就要靠孩子自己了。因此，平常小考她都是自己應付；大考前我會幫忙她訂正評量卷，看看有沒有弄不懂的地方。考試前的一切日常活動都照舊，冰照溜、琴照拉、照樣出去玩。因為，我小時候我爸也是這樣教我。

考試只是測驗表現力，並不是一切

不過，大家也不必誤會，我女兒的成績在班上並不算是特別「優秀」。二年級的期中考，她的數學考了八十九分，國語九十七分。她拿考卷給我的時候還挺得意地說：「媽，我考得還不錯吧？」

我笑了。比照她在考試前拿回來的數學評量卷：六十八分、七十七分來看，她說得一點也沒錯：她考得確實還算不錯！

每個媽媽對於考得「好」的標準並不一樣。我對孩子考試的看法其實只有一個，就是要「會」。至於粗心、題目沒看懂、不小心算錯，我認為那是尚不熟悉考試方式的問題，也是年幼的孩子必經的歷程，只要確定「會了」，就不用太過要求，我也不會因此而責罵她。將來長大一些，她對於考試技巧會越加嫻熟，自然會得到改善。事實證明，她的考試成績的確隨著年齡增加而越來越好，到了三年級，每一科都已經可以達到九十分以上，國語尤其優異，幾乎都是滿分。

另外，我想我跟一般媽媽最大的差別，就是我一向不只是看錯的題目，我也會看對的題目。有時候題目頗有難度，她答對了，我也會給予讚美。而且，我的孩子沒有上安親班，測驗卷寫得比較少，遇上題目有些小陷阱被騙，考出來的分數不如別人，那也沒什麼了不起。重點是，國語該會認、會寫的字都會；數學的百位數、加減法、看時鐘等都會，老師教過的都沒問題，那就夠了。

我曾問過女兒：「妳數學考八十九，那班上有考一百分的嗎？」她答：「好像有兩、三個吧！」「那九十分的有幾個？」她竟答非所問地說：「有人只考了六十幾喔！」我笑笑沒有追問。孩子的回答其實已經告訴我，她對於成績好、壞已經有十足的敏感。並且，孩子已經意識到分數的意義。那麼，我還需要告訴她，她的成績好與不好？或是，還要繼續給她一百分的壓力嗎？

學習是一輩子的事，不是只有考試，不是只有分數。我小時候成績很好，幾科一百、滿分是家常便飯。現在回想起來，那又如何？對我來說，影響我最大的，哪裡是那幾個一百分呢？很多安親班的老師說，現在爸媽把安親班的老師當成審核作業的機器，只要習作發回來不是一百分，家長的電話就來了。弄到最後，大家已經不記得考試的意義在哪裡。

孩子變成追求一百分的機器。我覺得大可不必。對我來說，喜歡學習、喜歡閱讀，遠比學科考一百分要來得重要。

努力的過程與決心，遠勝過放棄、什麼也不做

不過，既然是孩子，難免還是有缺點。女兒三年級時，因為瘋狂看課外書，有一陣子不太願意花時間去「仔細」完成作業。雖然每天還是很快就做完功課，但顯得有些馬馬虎虎、心不在焉。

有一次，女兒很緊張隔週要考「電腦英文打字」，我答應帶她去阿公家練習。因為阿公家有桌上型電腦，跟學校的鍵盤大小類似。那天我要錄影，因此中途我打電話回家，告訴她先把功課做完，等我回家再帶她去阿公家練習。

等我匆忙回到家，看到她正悠哉悠哉在看故事書。我詢問她功課是否完成？她頭也不抬地說：「做完了！」於是我一面洗衣服，一面隔著陽台窗戶，叫她把功課拿出來給我檢查。叫了幾聲，她仍沉迷於兒童讀物，半晌沒動靜；於是我提高音量再叫一次，她還是置之不理。直到我三催四請，她才懶洋洋的把作業本拿出來，兩眼還是盯著故事書不放。

一翻開數學習題，我就真的火大了。

那是一個非常簡單的數學習題，本子上卻是一片空白。

「這是怎麼回事？」

她盯著手上的書，看也不看我：「那一題我不會寫。」

我再翻開國語測驗卷，上面又有一個空白：「這又是怎麼回事？」

她還是一副無所謂的樣子：「飛『翔』的『翔』字我不會寫。」

這時，我的怒火終於倏地衝到頭頂！我怒喝一聲：

「不會寫不會去查字典、查課本嗎？不會寫不能去問阿嬤、問阿公嗎？不會寫就放在那邊不用管了嗎？這到底是妳的功課還是我的功課？給我把故事書收起來！」

這個小妮子看書已經到了走火入魔的境界：早上起床看、晚上睡前看；學校下課看、出門在外也看！吃飯看、看電視看，就連進廁所大個便，端一本書進去也就從此「廁中無曆日、臭盡不知年！」這下可好，連做功課也給我敷衍了事，反正媽媽回來會檢查，先看我的書再說！

挨罵之後，她終於收起故事書，開始一把眼淚、一把鼻涕地繼續未完成的功課。

當時已屆吃飯時間，我罰她在完成功課之前不准吃晚飯，並要求她把所謂「看不懂的題目」念三遍，不論對、錯，先自己算算看。國語測驗卷上不會寫的字也要自己查字典，我不再給予任何援助。

最後她做完功課、把錯誤題目訂正後，已將近晚上八點。不用說，我當然沒什麼好聲好氣，心情大壞，連一碗飯都沒吃完。

到了阿公家，她去練習打字，我坐在餐桌前和爸爸閒聊，提起這件事，很沮喪地對爸爸說，我很擔心女兒將來長大會有依賴心理，遇到困難不知道該變通，或是不知道尋求解決之道，這該怎麼辦？

爸爸也說，的確，從小我們就應該訓練孩子多方面思考、解決問題，盡量不要給她答案。爸爸說：**「中國人念書都是讀『古人說』，古人說什麼就把它背起來。西洋人則是把**

古人說的拿出來研究，如果你推翻他，那可就大大成功了！我在美國念書時，如果你的論文引經據典，那肯定拿低分。因為教授會說你沒有個人見解，欠缺發掘問題的能力。所以訓練孩子動腦筋，確實很重要。」

隔天早上，我送女兒上學。看著她腫腫的單眼皮，我耐著性子跟她解釋：

「妳知道媽媽昨天為什麼那麼生氣嗎？」

她噘嘴，看著地下。

「如果妳的法國號有一個音吹不出來，妳會努力地吹、試試看是什麼原因吹不出來，還是乾脆把法國號放下，決定不要吹了，反正我不會吹？」

女兒低聲說：「多吹幾次，試試看可不可以吹出來。」

「是啊！媽媽寧願每天幫妳檢查作業時，妳的作業有很多錯誤的答案，我也不希望看到的是整大題空著沒寫。算錯答案並沒有關係，至少妳試過；但整大題空著，表示是妳連試都沒有試！」

「還有，家裡有阿嬤、外公、外婆在，妳的書包裡有國語課本、桌上有字典。妳可以問的人、參考的書很多，沒有理由就把不會的字空在那裡！」

女兒點點頭表示同意。

「我們每個人都要自己想辦法解決問題。如果今天爸爸、媽媽的工作遇到困難，我們不想辦法，只等著別人來幫我，那我們家是不是就要喝西北風了？如果阿嬤煮飯每天都煮一樣的菜，不去想辦法學一些新的菜，妳是不是會吃得很膩？我們人如果不能夠動腦筋、想辦法，不但很多事會有困難，這一生也會過得很乏味。」

「再來，我知道妳很喜歡看故事書。可是，我們每個人每天都有該做的事情要先完成。老實說，媽媽也不喜歡洗衣服、整理家裡，我也喜歡看小說；爸爸也不喜歡擦地、洗碗，他喜歡打電動。可是妳想想看，如果我們每天都只做自己喜歡的事，這個家會變成怎麼樣？妳覺得呢？」

女兒乖乖回答：「這樣家裡會很亂。」

於是，我要求她以後早上起來，在外公來教她讀英文之前，不能先看故事書，要先將課本準備好，並把前一天念過的讀物複習一下。週一至週五放學回來、完成每天功課的這段時間，也暫時不能看課外讀物。她必須先把分內的事情做『好』。

她答應了，也結束了這場「功課風暴」。

古諺有云：「給他很多魚，不如教他怎麼釣魚。」對我來說，孩子考試是不是一百分？並不重要。考第幾名？也不重要。學習是一條無止境的道路，一輩子要學的東西，不僅止於書本，更在於生活。

一張滿分的成績單，應該是：「積極、主動的學習態度」，「樂觀、正面的求學精神」，以及「思考、解決問題的能力」，還有「對自己的人生負責」。否則，再多的一百分，將來都成廢紙，不會留下一點痕跡，又有什麼用呢？

生命可不可以替換？

——藉電影討論生命教育

某個星期，我心血來潮把週四晚上作文班的小朋友全都載回家裡看電影。我租了一部伊朗片《天堂赤子心》給他們看。

電影的劇情十分簡單，就是一個小女孩買了一隻小雞，結果不慎被鄰居大哥哥搶去粗暴地玩弄，跌斷了大腿骨。小女孩一心想救治她心愛的小雞，到處找人治病，可是不是獸醫不肯治，就是要花很多錢。不論爸爸媽媽如何勸說、要買一隻新的小雞給她，她都不為所動。最後，終於找到一位獸醫系的學生，可以治療她的小雞，只可惜這個學生罹病，於是疼愛她的爺爺每天背著她去拜訪療養院裡的「小雞醫生」，直到他醒來⋯⋯

電影演到一半，當疼愛小女孩的爺爺下定決心掏出存了許久、要去麥加朝聖的旅費，打算贊助小女孩去找獸醫診所治療小雞的斷腿時，作文班的小朋友們竟然都緊張的發出驚叫：「啊！不行啦！不可以！那是爺爺的朝聖錢耶！」

我當下略微驚訝。照我的邏輯推斷，當小孩子們看到爺爺竟然肯掏出錢來治療可憐的小雞，應該會鬆一口氣：「站不起來的小雞終於有救了！」才對，不是嗎？怎麼每個小孩都覺得爺爺的錢比小雞的腿重要呢？不知道是現在的小朋友太早理解金錢的可貴，還是覺得「人」比「雞」重要？

生命不可替代：斷腿小雞跟金錢，哪個重要？

隔週上課時，便跟學生們討論這個問題。我先問他們：「你們覺得小雞的斷腿和爺爺的朝聖錢，哪個重要？」班上絕大多數的小孩，都舉手贊成「爺爺的朝聖錢」比較重要。

於是，我不死心地再問：「可是爺爺要朝聖的旅費，再賺就有了！小雞的腿如果沒有治療，一輩子不要說飛了，連站都站不起來喔！這樣，朝聖的錢跟小雞的腿，哪個比較重要呢？」經過我的引導比較，有幾個孩子略有鬆動，改舉「小雞的腿比較重要」。

最後，我乾脆換了個問題：「那假如今天是你的腿斷了，你覺得爺爺該不該拿錢出來替你治腿呢？」這下全部的小孩都舉手了。

「那麼，你們的意思就是，你的生命比小雞的生命要來得重要嘍？」

小朋友們都很聰明，突然間就發現了我預設問題的陷阱，於是都不好意思地笑了：「沒有啦！都很重要！」

我接著問孩子，為什麼電影中的小女孩不肯接受新的小雞，執意要治好那隻跌斷腿的小雞？都一樣是小雞，為什麼那一隻跟這一隻不同呢？這時四年級的博翔很快地舉手答出了電影主旨：「因為，生命不可以替代。」

是啊！多麼重要的一句話！「生命不可以替代」。可是人，往往只看得見自己的生命，無視於這世界上的其他珍貴生命。

尊重生命

我很幸運，女兒從一年級開始，參加涂大芳的「自然體驗營」整整兩年，遇到了一位很棒的「土匪老師」。在這兩年的自然體驗課當中，我認為彌足珍貴的，不是她認得了多少種昆蟲、辨別得出多少種植物，而是老師總是苦口婆心地教導他們珍視自然界中的每一

隻昆蟲、每一株植物。

剛開始，每次上課看到土匪老師花了很多時間釐清孩子們的糾紛、爭執，排解他們的情緒、釋放他們的壓抑，教導他們要尊重別人、愛護環境，有時候不免覺得土匪這個大男人怎麼這麼婆婆媽媽、囉囉嗦嗦的，一天到晚愛講大道理，讓孩子們少了很多玩耍的時間。不過，兩年六十多堂課下來，我發現，這份潛移默化真是不可小覷。

女兒、兒子在野外撿拾花木，一定以掉落在地上的為主，即便很想摘花、摘葉子，也會先觀察一下花朵植物的數量多不多？或是問大人可不可以採？凡是去野外捕獲的昆蟲、動物，觀賞過後一定放掉，而且會依照土匪的教誨：放回原來生長的地方，絕對不會有虐殺動物的行為出現。

而且，女兒是那天看完《天堂赤子心》這部電影之後，唯一一個舉手認為，「小雞的斷腿」比「爺爺朝聖」來得重要的小孩。我並非認為這樣的邏輯一定正確，而是至少可以看得出，在這樣的生命教育之下，她把小雞的命看得和人的理想一樣重要。

有次去露營，營地裡很多青蛙，調皮的大男孩們用石頭砸死了青蛙，還回來說嘴，女兒於心不忍，前來告狀，於是我嚴厲斥責了那些砸死青蛙的男孩。孩子們辯說，他們是在捉青蛙的時候，不小心弄死牠的。我立刻想到前一天，土匪老師在教導小孩時，告訴他們實驗室裡有同學在討論報告，用開玩笑的口吻說自己「斬首」了一隻馬陸，讓他聽了心裡很不舒服的故事。於是我告訴孩子們，不小心弄死了動物，不但應該好好埋葬牠，還要鄭重向牠道歉。

我又想起某個週五，自然課的小朋友在土匪老師的帶領下，在天母古道上埋葬了一隻乾枯的馬陸，並為牠插上樹枝哀悼的情形。看孩子們慎重其事地埋葬馬陸的當時，我其實並不以為意，只覺得土匪又在跟孩子們說大道理、跟他們玩「小題大作」的遊戲。但是，當前天我看到營地裡大男生們詳細地述說他們怎麼弄死一隻青蛙，卻絲毫不覺自己殘忍的時候，我突然領悟，我之前實在是小看了土匪老師花費這麼多時間教導孩子的這個重要課題，也是我們一直忽略、也常常不自覺的：尊重生命。

這是一個「生命教育」的課題。

當我們看到新聞，冷血的十九歲少年將女孩的咽喉割斷，讓她流血致死，還泰然自若；當我們看到清大研究生因為用王水毀屍滅跡而服刑多年，毀掉自己也毀掉別人；當我們看到一個前途璀璨的高智商少年從高樓上一躍而下，只是因為月考考壞了，不知道生命還有什麼意義；當我們看到這個社會有越來越多殺父母、殺婆婆、殺老公、殺孩子等匪夷所思的社會案件，全都只是因為一個原因：不珍視自己的生命、也不尊重別人的生命。

在這個社會上，如果大家都只在意自己的生命，而不在意別人的生命，那是一件多麼可怕的事情。無情的政客、黑心的商人、殘暴的殺人犯……許許多多傷天害理的事之所以發生，就是因為從小到大的教育中，欠缺「生命教育」。

「生命教育」是一種對自然的享受，也是一種對自然的敬畏。「生命教育」是尊重地球上所有的生命，也讓所有生命擁有自由。「生命教育」包括追尋自己生命的意義，以及延續下一代的生命。「生命教育」包含了跟其他物種的和平相處、互相保護。

一隻馬陸，是一條生命，一條蛇，也是一條生命。不論你是否自認高人一等，一個人就只有一條命，跟一隻螞蟻、一隻蟑螂是一樣的。**或許我們都該反省，我們是否教會孩子尊重他人的生命。因為唯有尊重別人生命的人，才會珍視自己的生命。**

講反話

——引導孩子正向思考

相對於女兒的質樸、老實，兒子口齒十分伶俐，反應也快。很多時候，聽他說話很有趣，因為他常常會冒出意想不到的妙問或妙答，逗得人捧腹大笑。比方說有一次，我觀察到他最近長高不少，比常跟他玩在一起、以前跟他一般高的朋友「雯雯」高了半個頭。於是，我對他說：

「哇！你現在比雯雯高半個頭了耶！」

沒想到，很喜歡雯雯的小傢伙，竟斜睨我一眼，一副「妳很沒知識」的樣子回答我：「那當然啦！妳有看過老公比老婆矮的嗎？」

人小鬼大的回覆，聽到的人莫不莞爾！

但是，有時候，這樣的伶牙俐齒，也會把人氣得七竅生煙。

太陽眼鏡失竊記

有一次，我從美國的網站上花了美金八塊錢，替他買了一支很俏皮的太陽眼鏡：綠色底的鏡片上有很炫的英文字，但是戴眼鏡時自己不會看到、不影響視線。他很喜歡這支走到哪裡都引人好奇、拿起來看看的太陽眼鏡。有一次，我們外出去玩，他把太陽眼鏡隨手擱在餐廳桌上，我請他收起來、放進背包，以免等一下忘了拿。他想趕快去玩、不肯收，還耍嘴皮：「哼！掉了就算了！」

我提醒他：「你不是很喜歡這支墨鏡嗎？這是在美國買的，掉了台灣買不到喔！」結果他還是繼續嘴硬：「我哪有很喜歡這支眼鏡？這支眼鏡有什麼稀奇？沒什麼了不起！我根本就不喜歡！」

他一面講，我心裡一面不免火氣上升：「你這個喜歡說反話的小孩，我總要想法子讓你受一點教訓！」

於是，我當下沒說什麼，只是趁他不注意的時候，偷偷把墨鏡收了起來。吃完飯，我們便飛車回台北。第二天整天，他都沒想起他的墨鏡。第三天，我們正準備要出門跟其他小朋友玩，他突然想起來了。

「媽媽，我的墨鏡呢？」

我心裡暗自高興：「嘿嘿！終於想起來了？」

我若無其事地聳聳肩：「哎，我沒拿啊！你不是說你不喜歡這支墨鏡嗎？我想你既然不喜歡，所以那天就留在桌上了。說不定老闆喜歡，就送給老闆好了！」

兒子一聽，臉色就變了。抽噎了幾下，忍不住「嗚嗚……」地哭起來。不過，因為他知道那是他自己忘記拿的，所以雖然哭得很傷心，但是並不敢吵鬧。

我裝出很難過的樣子說：「啊！原來你還想要這支墨鏡啊！那早知道我就幫你拿了，我走的時候還看到你放在桌上、忘了拿。」

兒子聽我這麼說，哭得更大聲了！

「妳為什麼不幫我拿啦！」

我故作驚訝地說：「啊！我不知道你這麼喜歡這支墨鏡啊！因為是你告訴我不希罕、沒什麼了不起，一點都不喜歡的啊！媽媽想，既然你不想要了，反正這支墨鏡也不貴，那乾脆就送給老闆算了。」

兒子哭得越來越大聲！我等他哭了一會兒，才問他：「你真的很喜歡這支墨鏡嗎？」

他淚眼模糊地點點頭。

逞強，愛在心裡口難開

「那你為什麼要那樣說呢？說你一點也不喜歡？」

「我……」他抽抽噎噎地哭著，說不出原因。

其實，這個問題我很清楚。**人有時候故意說反話、故意顯得不在乎，其實是為了掩飾自己的情感、錯誤，或者是為了防衛別人、怕自己受到傷害。但是，防衛過度其實不是一件好事，一個永遠防衛別人的人，將來勢必更容易受傷：因為這會誤導別人，讓別人不容易了解自己、看到真心，也因此不容易交到朋友、獲得真愛。**一個愛說反話的人，將來一定不討人喜歡，而一個總是掩飾真心的人，將來一定很寂寞。

我兒子很喜歡說反話，他從小就有這個傾向。明明想要聽媽媽說「我愛你」，卻會故意喜歡對著我說：「哼！我就知道你不愛我！」或是明明很想要姊姊送他巧克力，卻會故意說：「哼！妳的巧克力很難吃！我才不要吃！」

我一直不斷地利用各種機會糾正他這個毛病，比方教導他，如果希望聽到媽媽說「我愛你」，可以直接問媽媽：「你愛不愛我？」我一定會回答「我愛你」，而不需要用「哼！我就知道妳不愛我！」這類的反話來刺激媽媽說「我愛你」。

因為，**我不希望他將來為了掩飾錯誤而說反話，也不希望他養成說反話保護自己、攻擊別人的習慣，這樣，將來吃虧的是自己啊！**

於是我將語氣放軟，很有耐心地對兒子解釋：「如果你心裡不是這樣想的，那就不應該這樣講。因為，雖然你講的不是實話，卻會讓媽媽誤以為你說的是真話。你看，因為你說你不喜歡那支墨鏡，讓媽媽真的以為你不喜歡那支墨鏡，就沒幫你撿起來，現在後悔的人是誰呢？下次你還要這樣講話嗎？」

他一邊哭、一邊搖頭：「下次不要了。」

看到他已經受到教訓，我心中不免露出勝利的微笑！哈哈！不過，做媽媽的，當然不會任由兒子這麼傷心啦！於是，我拿出電話：「好吧！那我打電話去餐廳問一下，看看老闆有沒有撿到你的墨鏡。」

兒子一聽，立刻止住眼淚，滿懷希望等著我撥電話。我心中暗笑不已，當然，「戲」還是要做一下的，我假裝打電話去找老闆，然後掛掉電話等五分鐘，再假打一次，才確認「有服務生幫忙找到了墨鏡」。兒子聽到墨鏡找到的消息，立刻破涕為笑、歡容滿面，看得我十分好笑。

然後，我向他解釋，我得請老闆幫我把墨鏡寄回台北，要兩、三天才收得到包裹。因此，他得等兩、三天，今天沒辦法帶墨鏡去「獻寶」給小朋友看了。

當然，墨鏡其實好端端放在我包包裡。隔了兩天，我才套了個信封袋，假裝收到墨鏡。當然，在這過程中，我不斷重複提醒他，如果當時他不要這麼說，就不會這麼麻煩了！這次經驗果然給他很大一個教訓。

後來，每逢兒子又習慣性的「說反話」時，通常我只需要語氣鄭重地再度和他確認：「是真的嗎？你真的是這樣認為嗎？你還記得丟掉墨鏡的事嗎？」他就會立刻三緘其口，或改口說出真實感受。這次教訓維持了一段時間，也暫時讓他改掉了「說反話」的習慣。

引導孩子正向思考，正向表達

孩子天生的性格，往往會影響他的喜怒和說話方式，因此，每個孩子遇到的問題、需要糾正的方向都不一樣。雖然，後天的改變可能一時無法戰勝先天氣質，不過，我總覺得**孩子需要我們幫忙，讓他習慣正向思考、正向表達，而且我們必須告訴他，讓他了解這樣說話、做事會有什麼後果。**

「他就是這樣的個性啦！」這是很多媽媽的口頭禪。個性沒有「好、壞」之分，但用在哪裡，卻會造成不同的結果。如果我們不去試著將孩子的性格做正向的導引，那麼，這就是「縱容」。隨著他的成長，將來可能就後悔莫及了！

罵髒話

——幫孩子打價值觀預防針

無緣無故被罵髒話

週末，我帶孩子們出去玩，女兒碰到一個比她大一點兒的小姊姊。女兒對於比她大的孩子總是很感興趣，於是沒多久兩個人就玩在一起了。

玩了半晌，眼看天色不早，我便驅車帶孩子回家。一上車，女兒就臭著一張臉，對著蹦蹦跳跳的弟弟大聲說：「你不要吵我！我心情不好。」

我手握方向盤，聞言驚奇地問道：「怎麼啦？剛剛不是玩得很開心嗎？」

女兒聲音哽咽了：「媽媽，剛剛那個小姊姊罵我很難聽的話。」

我一怔：「她罵妳什麼？為什麼罵妳？」

女兒扁嘴開始啜泣：「我不知道她為什麼罵我，我沒有做錯什麼。她罵我的話……嗚嗚嗚……媽媽，我不要說。」

我追問：「沒關係，妳告訴我，她罵妳什麼？」

女兒突然嚎啕大哭起來：「她……她……她說我『好……好……』媽，那個字很難聽，我不能講。」

我意識到情況有點嚴重，於是將車子在路邊停靠下來。轉過身，幫她擦掉眼淚，我好言安慰：「來，告訴媽媽，沒有關係的。」

她「哇」一聲哭得更大聲：「媽媽，她說……『妳好賤！』」

我一陣愕然。

的確，我是告誡過孩子，「賤」是一個很嚴重的罵人字眼，跟「王八蛋」、「放屁」、「他媽的」……等等一樣，是不好聽的罵人話，不能夠拿來對別人說。乍聞一個八、九歲的孩子，竟然出口罵人「妳好賤」，我也愣住！

教孩子分析原因，做好心理建設，培養免疫力

「妳真的不知道她為什麼罵妳嗎？」

女兒再度搖搖頭。我回想了一下剛剛玩耍的情景，也想不出有任何重大衝突的樣子。突然想到，現場還有其他小孩，好像有看到她也曾兇過她弟弟。於是，我接著問：「那她也這樣罵別人嗎？」女兒點頭：「有，她也這樣罵她弟弟。」

我一面在包包裡找出一張濕紙巾，遞給女兒擦擦她滿是眼淚鼻涕的臉，一面很快地在腦海裡想了一想。

「我想她這樣罵妳可能有兩個原因，第一個原因，是她真的為了什麼事很生氣。」

「第二個原因，是她並不知道這是一個很難聽的字，也許她的家人常常拿『你好賤喔！』之類的話來開玩笑，所以她並不知道這句話不好聽。因為她不但拿來罵妳，也罵自己的弟弟，對不對？」

女兒聽我這樣說，稍稍停止了哭泣。

「所以，她這樣罵妳，不代表妳真的就是她所說的。妳不用難過。」

女兒點點頭。但是我覺得，事情不應該就這樣結束，好像還少了一些什麼。

「但是，媽媽比較想知道，妳聽到她這樣罵妳的時候，妳很生氣，但妳有沒有說什麼、做什麼？」

「我沒有說什麼，就走開了。」女兒回答。

「妳有沒有告訴她，妳不喜歡她這樣罵妳？而且『妳很賤』是一句很難聽的話？」我接著說：「如果妳告訴她之後，她就向妳道歉、或是沒有再這樣的罵妳，我想她就不是故意的。很有可能是因為她以前就習慣這樣說話。那麼，妳就不用太在意，只要記得，不要跟她學說這些難聽話就好。」

我停了一下，繼續說：「但是如果妳已經對她說得很清楚了，她仍然繼續不停地惡意罵妳，讓妳很不舒服，那麼她就是故意的，要讓妳生氣。那麼，妳就可以選擇離開，不要再跟她玩了。對不對？」

女兒點點頭，表示接受我的說法。

我問：「那妳下次遇到這種狀況，妳敢問清楚，再決定要不要跟她玩嗎？」

女兒「嗯」了一聲。

我看著女兒哭得腫腫的眼睛，有點心疼：「那妳現在還覺得很傷心嗎？」

女兒吸吸鼻子：「還好啦！」

於是，我扭開音樂，繼續回家的路程。五分鐘後，我聽到後座傳來均勻的呼吸聲，哭累的她，已經睡著了。

一邊開車，我心裡，念頭不斷轉著。現在中、高年級的孩子，講髒話是常見的問題。

尤其是男孩子，愛講髒話的比例不低。我在學校裡當愛心媽媽，經常要面對男孩子出口成「髒」的狀況。

我發現，其實男生愛講髒話，有些只是好奇、好玩，他們模仿大人使用髒話，覺得這樣的方式可以顯示他們比同齡孩子成熟、有POWER、有氣勢，不但可以嚇退同學，甚至連大人也會感到震驚而不知所措，這種反應讓他們很有成就感，沾沾自喜。

但他們卻未必知道，「髒話」實際的含意（比方跟性、歧視有關），或是髒話給別人的負面感受（沒教養、下流、不高尚……）。

前兩年，我在學校輔導一個孩子。他有一點暴力傾向，而且喜歡使用髒話，經常一見到人就是三字經、七字經。剛開始，雙方關係還沒有建立，我只好忍耐。久而久之，我們的關係已經建立，我開始直言我不喜歡聽到他講髒話。

「我又不是罵妳！」

「但是我聽了很不舒服。而且你用難聽的話去批評我認識、我喜歡的人，我也覺得很不開心。」

「妳可以不要聽啊！」

「可是你在我面前講，我很難不聽啊！」

有次，我們剛巧聊到我婚前的男友，他忽然問了我一句：「你們為什麼分手？」我立刻藉機說：「因為他很暴力、會打人，而且愛罵髒話！」

這個小男孩突然愣住了。沉默了幾秒才問：「真的嗎？妳是因為這樣就跟他分手？」

我很確定地點點頭。

顯然這是個他從來沒想過的原因。自那次以後，這個孩子在我面前口出穢言的頻率就低了很多，有時候雖然不小心脫口而出，但已經刻意修正不少。這個經驗，更讓我確認，孩子在這個年紀說髒話，其實並無惡意，只是不了解其意義，也不了解這類粗暴的語言給人什麼感覺，需要我們不斷加以解釋、提醒。

協助孩子建立良好的自我意識

還好，我的孩子不講髒話。但是當她漸漸長大，慢慢的，許多同儕相處的問題也會漸漸浮現。一、兩歲時，出外玩耍遇到小朋友打人，我們可以把幫他把對方拉開；但總有一天，他必須要自己學會去面對這個世界。我想到電影「經典老爺車」裡的一幕劇情：

當幫派壓迫劇中小男主角加入的時候，做為一個旁觀的長輩，你能夠幫他多少次？雖然眼看他被揍、被菸燙，非常於心不忍，但如果孩子的內心夠強壯，就算強權欺侮，生命受到威脅，但他仍然不會同流合汙。總有一天，他會發展出一套自己的抵抗、生存方式。

我想到前兩天看到暗巷裡，偷偷抽菸的國中生；也想到前一陣子朋友目睹躲在校園廁所吸毒的年輕人。在學校輔導室上心理課程時，老師曾經說過：「**我們無法一輩子掌控孩子選擇朋友，也無法掌控環境，我們所能做的，就是為他建立起良好的自我意識。**」

有次，一位媽媽問：「我很怕孩子交到壞朋友，可是我兒子偏偏就喜歡跟班上那個功課不好、滿口亂七八糟不知道講什麼的小孩在一起！該怎麼辦？」

我很贊同心理師當時的回答：「我們要幫助孩子先把自己『長好』，他就不會被別人所影響。」意思就是，為孩子豎立價值觀、讓他知道他不必為了交朋友而犧牲他自己的看法、價值。那麼，即使他跟一個我們眼中的壞朋友交往，孩子也不一定會學壞。就像一位從小生長學習環境不佳的網友提到，他在學期間曾遇到一位老師對他說：「沒有人可以把你變壞，除非你不希望自己好。」他因為這句鼓勵，半工半讀到研究所畢業。這句話真的很棒！

壞話、髒話、狠話、沒禮貌的話，孩子口中的話，是大人活生生的一面鏡子。在責怪孩子之前，或許我們也該先好好審視自己。愛他、陪他、保護他，孩子身邊的一切，終究是他要自己面對的。

與其為孩子營造無菌環境，不如先幫忙他培養好的抵抗力。灑下價值觀的種子，孩子心中自會開出小小的花，將來這顆無價的果實，才能夠陪伴他一輩子。

飛毛腿與鐵金剛

——希望孩子們彼此相愛

過年要去貇丁，我正忙裡忙外準備東西，姊姊哭得淅哩嘩啦來告狀：

「媽媽，我跟妳講，剛剛我用腳踢弟弟，結果弟弟用尖尖的東西戳我……」

「妳用腳踢人還來告狀？」我一聽，理所當然覺得這是「惡人先告狀」。

「因為他不讓我找東西我才踢他的……」

「妳踢人就不對，還有什麼好說？」我回過頭繼續搬東西，沒理她。

不擅言詞的姊姊，眼見有理說不清，只好哭著離開。

當飛毛腿碰上鐵金剛：兩敗俱傷

在車上目睹兩人爭吵過程的阿姨，等我上車，搖頭說：「哎！姊，你兒子真的很陰險耶！」這才道出了事情的真相：

原來，姊弟倆坐在車上等候的時候，姊姊有東西掉在弟弟背後，要弟弟讓位給她找，但弟弟故意動都不動。於是姊姊火大了，粗魯地一把拉起弟弟，伸手到他後面去摸；弟弟不甘被暴力對待，也伸手搔姊姊的癢！

既然雙方都已動手，那可就不客氣了！人高馬大的姊姊，伸出一條練花式溜冰練出來的有力大腿，一腿踢來，正中弟弟的膝蓋！矮小的弟弟也不甘示弱，鬼鬼祟祟隨手拿起一個不知道是什麼的小東西，悄悄放在膝蓋正前方，對準姊姊踢來的方向，等君入甕。說時遲那時快，姊姊的飛毛腿二度踢來，只聽到一聲慘叫「啊」——

姊姊腳姆趾的指甲縫，應聲插進了弟弟手上那個不知道是什麼的東西，流血了！

聽完阿姨的敘述，我簡直是目瞪口呆！

檢視過姊姊的傷口後，我們一起低頭在車裡尋找弟弟的「凶器」。原來，是一個非常細小的「鐵金剛」零件！

要處理這樣的問題還真有點困難。

因為兩方都有錯，姊姊沒耐性好好跟弟弟溝通，動作也太過粗魯；弟弟為了自保而反擊，但是使用了這樣的手段，未免太不光明正大！可是，要去向孩子解釋「光明正大」跟「陰險狡詐」，實在很困難。於是我想了半天，只能換一種角度來講：

「當你很生氣的時候，你們踢對方、打對方，除了要讓對方知道你很生氣之外，也是想要讓他覺得痛或受傷，嘗一嘗不舒服的滋味，對不對？」

兩人不吭聲，也不說話。

「可是，如果你使用的方法，使對方受傷很嚴重，這真的是你想要的結果嗎？」

兩人還是不吭聲。

我問弟弟：「她是你姊姊，你真的想要她流血嗎？」

弟弟沉默半天，終於搖搖頭。

我問姊姊：「妳有沒有想過，妳力氣很大，如果一個不小心，踢到弟弟重要的內臟，妳可能會一腳把弟弟踢到住醫院？」

姊姊「哇」的一聲大哭起來：

「可是他真的很討厭，每次跟他講話都不聽！」

弟弟立刻回嘴：「哪有，是妳都沒有講就先拉我的衣服……」

姊姊說：「我有叫你起來，但是你都不起來！」

弟弟答：「我有啊，可是我還沒起來，妳就拉我的衣服……」

……

接著，兩人又吵成一團！

很明顯的，這是一個「急驚風」與「慢郎中」的衝突。

「好。那你們兩個注意聽，因為弟弟動作比較慢，以後姊姊說完話之後，要慢慢數到五，等弟弟一下。但是，如果超過五秒鐘弟弟還不動作，那就表示弟弟是故意不聽，或是裝聽不見。這樣可以嗎？」

兩個人萬般不情願地點點頭，算是暫時達成協議。

手足紛爭，父母的介入態度最重要

心理學家佛洛姆說過：「孩子要得到父母充分的愛，才有能力發展手足之愛。」

我不知道我給的愛夠不夠多。不過我家的姊姊和弟弟，兩個人是「每天五小吵」、「三天一大吵」，幾乎天天都在為類似的事情起衝突，實在令為娘的我很無奈。

還有一次，我提著大包小包出門，兩個小傢伙又在吵架。小的在玩我車上的方向盤，姊姊打他叫他不准玩，於是小的尖聲大叫，我邊忙著整理手上東西，邊回頭叫大的：「不要管弟弟，車子沒發動，讓他玩一下沒關係。」講了兩次、兩人還是不停地爭吵，突然我聽到弟弟尖聲狂哭，回頭一看，姊姊為了威脅弟弟不准玩方向盤，竟故意下車再用力把門關上，把弟弟關在車上！

這下我氣瘋了！上了車，拿起車上的木梳對著老大屁股就狠狠揍下去！「啪」的一聲，木梳斷了！

老大哭，老二看媽媽捉狂，也嚇得跟著哭，哭一哭兩個都睡著了。

一直東奔西跑地忙到晚上十點，三個人回到家，孩子嚷嚷肚子餓，我急忙用冰箱剩飯炒飯給他們吃。坐在桌前，我忍不住嘆氣：「你們倆要吵到什麼時候呢？」

「你們知道嗎？有一天，媽媽老了、死了！爸爸也老了、死了！世界上你們只剩下一個親人，知道是誰嗎？」

女兒臉垮了下來：「我知道，是弟弟。」

弟弟笑嘻嘻地回答：「我也知道，是姊姊！」

我說：「對啊！到時候爸爸、媽媽、阿嬤都不在了，世界上只剩你們倆，你們還要吵架嗎？」

弟弟這個小笨蛋天真地說：「但是還有阿公啊！」

姊姊放下碗，「哇」一聲大哭起來，抱住了我：「媽媽……我不要跟弟弟吵架了……」

我的眼淚湧了上來，感動得不得了——

五分鐘後，姊弟倆又在浴室吵起來。

據兒童專家的說法，很多兄弟姊妹都是從小吵到大，但是感情好不好？通常跟父母介入處理的方式有關。

專家的建議是：盡量不要介入孩子爭吵的內容，由他們自己想辦法解決。

比如說，有人送了兩個玩具，兩個人卻都看中其中一個時，媽媽不必規定他們「猜拳定輸贏」、或是「大讓小」，最好的方式就是：「你們自己去商量怎麼辦？如果沒有辦法解決，就全部都歸媽媽所有。」

因為在這種情形下，不論媽媽將東西分給誰都會有人覺得不公平，所以最好的方法就是「自行解決」，否則就是統統沒有，最公平。

這個方法我個人覺得很有效，我用此法解決了很多次分食物、分禮物以及告狀的問題，最後孩子們都會自行達成協議。甚至，兩個人打打鬧鬧引起的糾紛也可以用這個方式解決：

「你們如果還要一起玩，就自己解決問題，否則就現在上樓去練琴（或做功課），不要一起玩了。」

往往這招一出，兩個小孩就會乖乖閉嘴，在一旁重新和樂地玩起來，屢試不爽！

至於我最頭疼的「動粗」問題，專家的說法是：「家庭規章裡，事先就要規範，不論多麼生氣，都不可以動粗、打人。」

建議家長處理手足動粗糾紛時，分成兩個步驟：

第一，先處理「受暴者」，後處理「施暴者」。意思就是說，先看看被打的那個有沒有受傷？要不要擦藥？這樣一面可以先按下自己的怒氣，一面也能讓施暴者冷靜一下。

第二，詢問施暴者時，不要說：「你為什麼打『弟弟』？」而改問：「你為什麼動手打『別人』？」

這兩者聽起來是有差異的。第一種問法，感覺妳站在弟弟那一邊；但是，第二種問法，則感覺妳問的事情跟「對象」無關。

當然，處理動手的狀況，最好是在觀察孩子「可能」會爭吵時就介入，在他準備出手時立刻抓住他，然後引導他以別人可以接受的方式發洩怒氣：

「我知道妳很生氣，但我們已經說好不能夠動手打人。所以，妳要不要用說的？或是先離開這裡？」

除此之外，我家對動粗的罰則是：凡是動粗者，就要立即停止遊戲，面壁罰站，視嚴重情況罰多久。兩人互毆就分開罰站。因為罰站是一件很無聊的事情，因此最近姊弟打架的狀態已經改善很多。

孩子，希望你們好好相愛

雖然姊弟倆天天打打鬧鬧，但情況真的緊急時，兩人卻總是互相幫助，讓我很感動。有次我們去零下三十度的哈爾濱旅行，晚上九點多要離開「冰雪大世界」時，我在無意間坐上了一台「黑車」（無照車）。等了大約三十分鐘，弟弟已經累得睡著了，但司機找不到共乘者竟遲不開車。我不願意再等，趁司機離開拉客時便下車去攔其他計程車。等我攔到車、回頭準備要去抱睡著的弟弟過來時，一轉身才赫然發現，姊姊早已背著熟睡的弟弟，等在我的身後了！

很多人都問我：你生兩個孩子的原因是什麼？

每當我想到姊姊表情堅決、寧可背著重達十七公斤的弟弟跟在我身後，也不願意把他一個人留在陌生人的車上時，我想，那就是最好的答案。

孩子，媽媽不能永遠留在你身邊，所以替你生一個手足，希望他能與你為伴。這，應該是一種最簡單的奢求吧！

希望你們好好相愛。

PART 4

妙問怪答

——聊出了解、教出潛力、激發獨立

如何面對孩子的挑釁
——要讓孩子卸下心防，請釋出善意

我們在長大成人的過程中，不時需要叛逆一下，以確定我們是獨立的個體：兩歲時，不管別人說什麼都搖頭「不要」，是第一個叛逆期；接下來七、八歲凡事都想要自己來，不喜歡別人幫忙，是第二個叛逆期；進入青春期後，有自己的祕密、隱私，開始違抗大人的命令，則是最後一個、也是最令人頭痛的叛逆期。

心理學專家說，「叛逆期」是孩子長大成人必經的階段，也是孩子找到自我、證明自我最重要的機轉。因為，只有在與別人「不同」時，我們才能夠證明自己的存在。因此，無論是我的兒女、作文班上的孩子或在學校當愛心媽媽，難免都會遇到一些刻意的「挑釁」，這時候，該怎麼「降魔除妖」？那就需要一些小技巧了。

要降魔除妖，得先下手為強「釋出善意」而不是糾正行為

有次我的作文班上來了一名六年級的女孩。因為我教課的安親班推出了一個「上數學課送作文課」的方案，她等於是被迫上數學課又加上作文課。於是她第一天來的時候，態度十分不好，先是看自己的書，完全不理會我。經我要求把課外書收起來之後，更是乾脆趴在桌上。

我剛開始有點生氣，不過一想到她是被迫來上課的，火氣也就消了。畢竟，誰喜歡去聽一堂壓根就不想上的課呢？

於是，我決定「先下手為強」。等到課程告一個段落，其他小朋友們都開始寫作之後，我請她到我這兒來。她一臉不情願，慢吞吞地走到我面前，眼睛望著地下。

我單刀直入地對她說：

「我知道妳其實不想上這堂課，對不對？」

沒料到我會溫和卻直接地說出實情，她顯然沒有心理準備，只好帶著「豁出去」的表情，尷尬卻用力的地點了點頭。

我笑了笑，拍拍她的肩頭說：「沒關係，其實我也不想強迫妳上課。」

聽到這句話，她狐疑地抬起頭看著我。

「我知道妳不是自願來的。不過，因為爸爸送你來上課，回家他一定會要看妳的作文，所以，我希望妳今天還是把作文完成。妳盡快寫完，然後就可以繼續看妳剛才看的書。我們互相配合一下，妳覺得如何？」

她看著我，猶豫了一下，再度點了點頭。

「對了，妳可以借我看一下妳的書嗎？」

這次，她很快地回到座位，拿起一本《貓戰士》朝我揚了揚。

「喔！《貓戰士》的確很好看喔！那妳趕快寫完就可以繼續看了！」我笑著說。

本來像一頭刺蝟的她，態度有了些許轉變。

「妳看過嗎？」

「是啊！」

終於，她露出了微笑。

寫完作文之後，她順便在白板上替我解答了幾個中低年級孩子不會寫的字。等她爸爸來接她時，我迎出去，她立刻臉色大變：

「妳不必和我爸爸說話！真的不必！」

我朝她點點頭，揚聲對她爸爸喊了一聲：

「謝謝你女兒喔！她今天幫我當小老師，教低年級小朋友寫不會寫的字喔！」

聽到我的話，她緊繃的臉色立刻鬆弛了下來，轉向爸爸的笑臉，愉快地回家去了。

第二週，她的態度明顯好轉許多，上課的意願也高多了。四堂「贈送課」結束之後，她成了我的正式學生。

在學校當愛心媽媽，我也經常碰到叛逆的孩子。第一次來參加活動，不是完全不理人，就是故意罵髒話給你下馬威。

通常，我的做法一律都是：先不要急著「糾正」孩子的行為，或是試圖找出原因，只需要先適當的「釋出善意」即可。

就像剛剛的例子，顯然女孩在一個學習動機很低落的狀態下來上課，那麼，我先對她表示理解她的行為、又在她爸爸面前稱讚她，對她而言，就是一種「釋出善意」。

釋出善意，可以快速消除對方的警戒心及防衛；釋出善意，也有助於和孩子建立友善的關係。這不僅適用上課、輔導，也適用於了解自己的孩子。

因此，有時候面對一個陌生的孩子，輕輕的拍拍肩、問聲好，甚至先誠懇地自我介紹一下，都是一種「釋出善意」的做法。對自己的孩子也是一樣，當孩子充滿挑釁的對你說話時，不妨先讓氣氛緩一緩：

• • •

「喔，你看起來心情不太好喔！」

讓孩子了解你願意幫她的忙，通常就能消除大半的敵意。

出奇不意，自能甕中捉鱉

另外，在談話時，我還有一個常用的方法，就是「出奇不意」法。

有一次，我輔導的孩子一大早來，故意呵欠連天、擺出愛理不理的態度，我問他前一天幾點睡？他一副挑釁的態度說：「半夜兩點！」

原本他預期我會詢問原因，或勸告他要早睡早起，沒想到我只是聳聳肩說：

「那你還睡得比我多耶！我從昨天晚上到現在都還沒睡覺哩！」

他當下張口結舌，忘了他本來要故意唱的反調，反問我：

「真的嗎？妳為什麼沒有睡覺？」

投其所好，想辦法引導話題

然後便被我主導了談話方向，順利地進行了我預設的話題。

最後，就是**觀察孩子的喜好，從他的需求或有興趣的事情著手，逐漸建立關係。一旦關係建立，挑釁的狀態就會立刻改善了。**

所以碰到一個陌生的孩子，我會試著多跟他聊聊，從自然生態到電玩遊戲、卡通電視到運動明星，試著找出他的喜好。

我曾經碰過一個完全不肯講話的孩子，最後我是玩了一個「橡皮筋小魔術」，才擄獲了他的眼光，願意跟我交談。

當然，面對自己的孩子挑釁，要跳脫出來，有時候更是格外困難。

女兒挑釁，媽媽是她最不喜歡的人！

有一次，二年級的女兒交了一篇「我最不喜歡的人」的作文給我，看得我的眼珠差一點掉出來，全文如下：

「起床！XXX！」兇狠的媽媽開始用她的大嗓門大吼大叫。我好不容易起床，心想：「真是恐怖的媽媽。」

我不喜歡我的媽媽，她老是動不動（出）手就打，總是喜歡把我當成打人的壞小孩，不聽我講完（話）就賞我一巴掌。

比如說（有一次，我們出去玩）「弟弟，你已經坐過前面了，換我坐。」我說。弟弟說：「我就要坐前面！」我輕輕拍他，說：「但你不是坐過（前面）了嗎？」弟弟就說：「姊姊打我！」我無緣無故被（媽媽）趕下車子。你覺得這樣對嗎？

我希望媽媽不要再對我兇，也希望弟弟不要再告狀了！

（PS.（楷體）部分為我的修改）

她交作文給我的時候，對著我充滿詭譎的一笑，然後若無其事地離開。

我真是又好氣又好笑。幸好這篇作文是交給我，如果是交給學校的老師，可能要打113虐童專線了！當場，我真是張口結舌，不知道該說什麼。以二年級的小朋友來說，這樣的一篇作文，算是寫得不錯：敘述簡單清楚、例子也舉得挺恰當。不論情境是否為真，照我平日批改的要求，應當可以得到「甲上」的成績。

而且我也明白，她是在抗議前幾天她動手打弟弟而被我處罰的那件事。不過，這樣明目張膽的挑釁，還不停地問我：

「妳會在班上念我的作文嗎？」

也真是太過火了吧？但是，我也只好「大肚量」地笑一笑，對她說：「啊！原來妳最討厭的人是媽媽，真令我難過！」

幸好，她在當天晚上，就跟我道歉，說她是開玩笑的。但是，我心裡還真忍不住有點氣餒：原來我在女兒心中，就是這樣一個兇媽媽嗎？

反過來，也只好安慰自己：如果我真的像她所說的那麼兇，諒她也不敢交這樣的一篇作文給我，是吧？

坐不住的孩子

——孩子為什麼一定要坐得住呢？

無論是作文班、或是烘焙夏令營的文學欣賞，十幾個小朋友裡，總有幾個「坐不住的孩子」。

老一輩的人總說，這類小孩的屁股是「尖」的，身體沒辦法好好擱在椅子上，不是像毛毛蟲一樣蠕來動去，就是兩隻手、一雙腳一刻也停不下來。東抓抓頭、西撓撓背，一會兒玩玩鉛筆、一會兒扳扳尺；不是踢踢隔壁同學的椅子，就是拉拉前面女生的辮子。

坐不住的孩子不是故意的

這些老是對窗外飛鳥的興趣比黑板大的小朋友，現在有一些新的醫學名詞，叫做「注意力不集中症候群」、「過動兒」、「亞斯伯格症」等。這些症狀有時會單獨出現、有些則是綜合出現，有些經過鑑定需要心理治療、藥物控制，但也有些並未到達病症的狀態。據我看到的醫學新聞報導，過動的孩子與一般孩子的比例大約是十五比一，所以一班三十幾個孩子裡，大約會有兩、三個。

不論醫學上用藥的爭議與否，我們可以確定的是，這些孩子都不是「故意」的，他們那些像「屁股生蟲」一樣坐不住的行為，連他們自己也無法控制。

然而，這類小朋友往往都是極為聰明的小孩，他們想法很多、活潑大方，勇於嘗試、發言，也樂於跑腿、幫忙，這些孩子在進行討論課的時候，都是表現很優秀的孩子。只可惜，直到現在，這些「坐不住」的小朋友，通常都仍然是老師的眼中釘、肉中刺，因為他們不但本身愛問「問題」，還會「製造問題」，擾亂課程的進度，甚至會干擾坐在旁邊專心上課的小朋友，讓老師很頭痛。

我在學校幫忙認輔過幾個這樣的孩子，我自己的作文班上，也不時有這樣的孩子。他們都有一個共同的特色，就是經常被老師責怪、處罰，因此在班上人際關係不佳，也被同學們排擠，長期處於自信心低落、自暴自棄的狀態。**「我們老師不可能喜歡我的！」「我每天都被老師寫聯絡簿，已經習慣了！」甚至，有些孩子一天到晚被罵習慣了，早已養成了「金剛不壞之身」，學會從他人眼中給自己很低的評價，看得人非常心疼。**

其實，這些坐不住的孩子只需要一點點幫忙，就可以表現得很好。

換個方式，累積孩子自信與正向的成功經驗

比方說，我班上有個小女生有注意力不集中的問題，她媽媽很煩惱，說她每天做功課都要花上好幾個小時。上作文課時，她也有同樣的問題，每次討論時間都表現極佳，因為她喜愛閱讀、知識豐富、口才流利，雖然只有一年級，卻可以回答同學答不出的問題。

可是一旦提筆開始寫作，她的問題就來了：她會花許多時間玩弄鉛筆、橡皮，或是四處探頭探腦看別人的進度；一會兒喝水、一會兒上廁所；等到同學都交了稿子，她卻遲遲無法完成。

她媽媽和我是網友，算來也認識多年了。有個假日，我邀她跟我女兒一塊去溜冰。第一次到冰場，她就愛上了溜冰，從此以後，她每天放學，都要媽媽先帶她去溜冰場溜個一小時再回家。後來，我又碰到她媽媽，她媽媽很誠懇地謝謝我：「安儀，謝謝妳介紹了我

這個運動，妳知道嗎？每天從冰場消耗精力再回家之後，她寫功課的時間縮短了一半！」而且，這個小女孩在冰場如魚得水，教練讚美她勤快又有天賦，短短一年，技巧已經比我溜了兩年半的女兒還要厲害！

還有一個孩子，我跟他的導師談過後，請老師每週找出一件他做得不錯的事，寫在聯絡簿上。隔週，老師寫了：「打掃很認真」，就改變他整整一週的心情和自信。後來，他的狀況越來越好，越來越穩定，一學期後，就在「認輔名單」中除名了！

我目前有八班作文課，每班十個孩子中，大約都有一、兩個比較坐不住的孩子。我通常都會建議這些孩子的媽媽讓他們參加一些動態的才藝，比方打跆拳道、踢足球、或是游泳、烘焙……只要是需要走動的活動，都會很適合他們。

坐不住才更要動

有些媽媽會問：「我的孩子已經這麼坐不住了，不給他一些靜態課程，他怎麼學習定下心來？」事實上剛好相反。對這些需要消耗精力的孩子來說，每天坐在教室裡，通常只是讓他累積更多的能量，變本加厲、更加坐不住！而且，在教室裡不斷被責罵的結果，往往換來更大的挫折感、失去自信。

相反的，如果讓這類的孩子每天下課後先去球場上打一場球，往往可以讓他消耗掉多餘的精力，而且動態的課程才會讓他有成就感，能夠累積成功經驗。

在靜態的課堂上，我也會鼓勵這些坐不住的孩子，勇敢舉起手告訴我：「我有點坐不住了，我需要站起來走一走！」這時，我會讓他出去喝水、幫忙發講義，或是到最後一排蹓躂、蹓躂，甚至我准許他待在最後一排用喜歡的姿勢聽課、寫作，趴在地上寫也無妨。

通常，這些孩子都十分貼心、可愛，只要對他多付出一點笑臉、讚美、耐心和體諒，他就會像牛皮糖一樣愛妳、跟進跟出，比那些優秀但冷漠的孩子更為可人。

前兩天，我班上一個小皮蛋請假沒來，班上其他同學竟然大聲叫好，令我覺得十分難過。我對孩子們說：「他雖然上課時常常干擾你們，但他不是故意的。就像我們感冒的時候流鼻涕，你能夠不讓鼻涕流下來嗎？不能吧？但他們並不是故意的，只是他無法控制自己。老師希望大家能夠諒解他，像我一樣喜歡他。」

前些時候，有封網路上的信件，內容是描述美國名編舞家小時候也被視為過動兒、頭腦有問題，事實上，心理醫生卻看出來，她沒有問題，她只是喜歡音樂和跳舞而已。後來，她果然在學舞後展現了最大的天賦，成為光彩耀人的名舞蹈家。

孩子為什麼一定要坐得住呢？換個角度想，我們的多元社會不就是需要很多「坐不住」的「人才」嗎？舉凡跳舞、運動、跑業務……都需要活力旺盛的年輕人。因此，換個角度想一想，妳那坐不住的兒子，可能只是在等待妳發掘他的未來長才。

所以，家有「坐不住」的孩子，請不要喪氣。請為他找一個可以不用「坐得住」的課程，我打賭他一定會表現得更好的！

第一次自己坐公車

——孩子自有獨立的本能

婆婆不在家，我的「後援部隊」少了強大火力，中午接女兒變成最困難的一件事。一有工作，我就分身乏術；於是只好東託西託，麻煩女兒的班導師、外公外婆，以及附近的媽媽好友們。

教女兒坐公車：一塊上車實習，模擬實境

女兒二年級下學期的某一天，我有通告要十二點前到達。但十二點，女兒才剛下課，我如果接了她再去，無論如何會遲到。湊巧平常能幫忙的人都有事，我也不好意思再麻煩女兒的導師幫我看小孩，畢竟學校又不是免費的安親班……我左思右想，決定教女兒自己坐公車。

回想一下，我小學時住在鄉下，每天要走四十分鐘的路程上下學。媽媽雖會騎腳踏車接送我，但遇上家務忙碌時，我也常常自己走路上下學。三年級下學期我們搬家到台北，我就開始自己過十字路口（剛開始還不會看紅綠燈咧！）、穿越植物園上學，暑假時自己搭公車去萬華的ＹＭＣＡ學游泳。想一想，我那時候不也就跟女兒現在一樣大？（我是十一月生的，早讀一年；女兒是十月生的，晚讀一年。算起來，二年級的她跟三年級的我是一樣的年紀。）

想通了這一點，我便問女兒：「媽媽教妳坐公車好不好？這樣妳明天中午就可以自己坐車去『媽媽PLAY』吃飯、寫功課、踢足球，媽媽錄完影再去找妳！」

女兒聽了有點猶豫：「媽媽，可是我不知道怎麼坐。」

「沒關係，媽媽會教妳！」

於是，我利用昨晚兒子上圍棋課的一小時，開車帶女兒到她學校門口。停好車，我陪著她，一起從學校門口，走到公車站。這一段十分鐘左右的路，雖然有一點遠，但有紅磚道，公車站牌也剛好在一家速食店門口，招牌很醒目、很好認。

到了車站，我先教她看站牌，告訴她可以坐的車，以及上車、下車的站名，以及共要經過的四站。然後，我就對女兒說：「現在，我們假裝妳是一個人，媽媽看妳會不會自己坐車。」

車子來了，女兒有點怯生生的不敢上前，經我催促，才上了車。她自己刷卡，找了位置坐下，我也找了一個不同的位置坐下。

本來我一直擔心，我教她「數」站牌容易出錯，萬一過站不停之類的那不就慘了？結果，看到公車前面的跑馬燈看板，才想起自己真是多慮了，現在什麼年代啦？每一站的站名，都大大的秀在跑馬燈上，公車司機還會用擴音器報站名呢！真是瞎操心了！

女兒傻呼呼的，看到站名到了，就回頭興奮地看看我，不過動作卻慢吞吞的。於是我又耳提面命，要她記得「看到下一站的站名接近，就要按鈴並站起來」準備下車。她連連點頭，看起來還是有點糊里糊塗的。

我著實不放心，於是又叮嚀她，萬一坐過站，就要到對面找一樣的公車再坐回來。於是，我們又實習了一次。一個小時內，我們來來回回總共坐了三趟公車。

回到家，我問她：「妳覺得妳可以自己試試看嗎？」她很有信心地點點頭。

「媽媽，妳不要擔心！我一定會成功的！」

反倒是我，開始心裡七上八下，想東想西，擔心：「萬一孩子迷路怎麼辦？我還是託小樺接她好了……」念頭倏乎萬變，始終無法下決定放她自己去坐車。

家長別不放心！孩子自有能力邁向成熟、獨立

今天早上我從夢中驚醒時，才發現女兒已經帶著車票上學去了。我不想打擊孩子要挑戰自己坐公車的決心，但是老公上班前，我還是忍不住要他再去一趟學校，把我的另一支手機給孩子帶在身上。「萬一超過時間，或是發生什麼狀況，才好跟她聯繫！」

然後，我就去錄影去了。

在化妝間，我一邊化妝，一邊看時間，幾個有孩子的來賓，聽到我讓二年級的女兒自己坐公車，都能了解我的緊張：「哎，奇怪喔！我們小時候不也是這樣自己坐車上學？可是現在，我還是自己接送耶！」大家七嘴八舌討論起來：「我們這些家長們，到底是在不放心什麼呢？」

我也覺得有趣。說起來，現代社會治安也不見得更壞，馬路也不見得更危險，但為什麼我們就是有很多的擔心，沒有以前的家長放心呢？

就在這時，我聽見手機鈴聲響起。

「媽媽！我成功了！我已經到了！」女兒興奮的聲音從電話那頭傳來。

我鬆了一口氣，問：「路上還好嗎？」女兒很可愛的說：「還好啦！不過我太緊張了，在公車上有一點站不穩！」我恭喜她，完成一樁勇敢的任務。

下午見面，她告訴我，中午有很多高年級大哥哥、大姊姊一起放學等車，司機叔叔很貼心，不但主動問她要去哪裡，還好心提醒她下車。因此，一切過程都算順利！

我突然之間，覺得有一股感動：那個感覺，跟教她走路、騎腳踏車，放手的那一剎那，很雷同。

女兒又長大了！這應該也算是媽媽的心路歷程吧？一種難以描繪、夾雜欣喜與失落的複雜情感。她更成熟，但是，也離我更遠了！不久的未來，她即將可以自己搭上公車、輪船、飛機，去任何一個她想去的、沒有我的地方。

小陽光的聖誕

——讓孩子公平自在地面對每個人

不一樣的派對，到處是陽光

當媽媽之後，每次閱讀到跟小孩有關的一些社會新聞案件，就格外感同身受。因此，在我的親子烘焙聚會「媽媽PLAY」開幕的第一年，我們就竭盡所能安排了年終義賣，除了募集十萬元善款捐給了「罕見疾病基金會」，另外也安排了多場慈善烘焙PARTY，希望回饋社會，給一些身心受創的孩子們帶來歡樂。

其中，「小陽光的聖誕PARTY」是由我們的另一位伙伴雪真安排，與「陽光基金會」合辦的烘焙PARTY。對我來說，這也是一個很不同的經驗。在這之前，大概是受到「被火紋身的小孩」那支廣告的影響，我一直誤以為「陽光基金會」服務的對象僅是燒燙傷的患者，直到活動當天才恍然大悟，原來所有的顏面傷殘、顏面毀損或顱顏發育不全、先天顱顏病變等等，都是「陽光基金會」服務的範疇。因此，當天到場的小朋友，除了燒燙傷的病友之外，也有血管瘤、其他顱顏問題的小朋友。

於是，當天早上，我們跟十二位「小陽光」與「小陽光」的家人相逢了。這是一場十分成功的PARTY，小孩跟家長們都玩得十分瘋、十分開心。小朋友看到活生生聖誕老公公出現時，都驚喜萬分，還有一個小孩滿臉疑惑地問我：「阿姨，聖誕老公公是坐雪橇來的，可是我怎麼沒有看到他的雪橇？」原來，他跑到每一個窗口往下望，希望看到聖誕老公公的雪橇呢！

在活動之前，我本來考慮先跟孩子們解釋一下「小陽光」的容顏狀況，怕他們當場說出一些不適當的話語。但一方面我也無法預知來賓的狀況，二方面我想我的孩子都還算善體人意，於是我決定什麼都不說，屆時再看情況。

其實，他們跟我們是一樣的！

結果當天女兒有社團活動，所以只有兒子跟著我一起去。活動開始沒多久，五歲的兒子果然如我預料，跑到流理檯旁，拉拉我的衣服，小小聲地問我：

「媽媽，為什麼他們的臉上黑黑的？」

於是，我彎下腰來簡單向他解釋：

「這些小朋友有的被火燒傷過，有的是生下來就是這樣。不過他們都是跟你一樣的小朋友。」

兒子點頭表示理解，並沒有再繼續問下去。

「你看到他們會害怕嗎？」我問。

兒子搖搖頭。

「那你要好好招待大家玩，好嗎？」我笑著拍拍他的頭，兒子點頭離去。

我沒有多對孩子說什麼。我想，所有跟大家「不一樣」的人，其實最希望的，就是受到跟大家一樣的對待。太多的問題、過多的關注、同情，其實都是不必要的。而且，我希望我的孩子公平自在地面對每一個人，不管對方跟他一樣，或是不一樣。**我希望我的孩子將來交朋友是因為這個「人」，而非對方的「臉」、對方的「錢」、對方的「家世背**

景」，或是對方的「地位」。

果然，在接下來的兩小時，我兒子跟所有其他的孩子都玩得很好，他跟一位雙手燒傷、嚴重變形、臉上還戴著彈性繃帶的大哥哥一起玩軌道火車，玩得不亦樂乎，從頭到尾都沒有再發出任何疑問。其實，孩子的世界十分簡單，只要可以一起玩，他們自有他們的共通語言，並不需要我們大人刻意提醒些什麼。

在校園裡，不時會聽到一些校園霸凌、恃強欺弱的情形。很多人不理解：孩子不是最天真善良的嗎？為什麼會做出這麼殘忍的事情呢？殊不知就是因為孩子單純敏感，所以他們很容易從大人的臉色或表情，觀察到大家對弱勢孩子的態度，從而學習或發揚光大之。而且，正因為孩子單純，他們不會掩飾態度，便顯得更為直接、殘忍。

一個不受老師喜愛、功課不佳的同學，往往很快就成為班上同學欺負的對象。同樣的，對於身心障礙的同學，如果大人流露出憐憫、同情，很快就會讓孩子感覺出對方與眾不同。所以我個人覺得，要教導孩子能夠以同理心對待別人，最好的方式，不是教導他們「同情」，而是要告訴他們，每個人都會有些天生的不同，除此之外，「他們跟我們是一樣的」。

何必特意對孩子強調「缺陷」？異樣的是家長的眼光

女兒大約五歲的時候，有一次我們外出散步，迎面來了一個頭顱很大、身材嬌小的黏多醣寶寶坐在推車裡。女兒的視線被吸引住了，很專心地盯著他。等到這對母子走近，女兒突然走過去、很靠近地蹲下來。正當我擔心她會提出什麼讓人尷尬的問題時，女兒突然轉頭對我露出笑容：

「媽媽，妳看這個寶寶，他的頭好圓、好可愛喔！」

同樣的情形也發生在畫畫班上。女兒班上也有一個黏多醣寶寶，因為手指變形，很不容易握住蠟筆。有一次，大家開始畫畫時，黏多醣寶寶同學艱難地想要將桌上的蠟筆拾起，握在手中。可是，努力了很多次，都沒有成功。

我在旁邊觀看，看到對方媽媽並沒有伸手支援，也就靜觀其變。這時，我看到我女兒一直盯著這位同學的手。她看他努力地試著想拿起筆，看了好幾分鐘，正當我以為她會轉頭詢問我「為什麼會這樣」的時候，只見我女兒突然站起來、伸出手，以迅雷不及掩耳的速度，把桌上的蠟筆拿起來，用力塞進她同學的手裡。

接下來的整節課，只要這位同學的蠟筆掉下來，我女兒就會立刻幫他撿起來，塞回他手掌心。

下課後，我很小心地讚美她：「桐桐，媽媽看到妳幫同學撿蠟筆耶，妳很體貼喔！」我本想向她解釋這位同學的病情。沒想到，女兒卻毫不在意地說：「對啊！因為他拿不起來，所以我幫他拿。」於是，我把到口的話嚥回去。我想，既然她可以以平等的態度看待對方，那麼，我又何必向她強調，對方有什麼缺陷呢？

從那次的經驗，我發現，其實只要大人沒有異樣的眼光，孩子的心其實很單純。也因為那次我的「保持沉默」，對方媽媽主動和我有了進一步的交談。我想，她最需要的，其實也就是一份「沒有好奇、沒有疑問、沒有異樣眼光」的友誼吧！

脫口而出的可惜語氣，其實傷人於無形

我有一個很好的朋友，她女兒出生時，臉上就有一塊很顯著的紅色血管瘤。但她女兒個性很溫和，是我女兒最喜歡的玩伴之一。老實說，因為太常相處在一起，我們對於小女生臉上的胎記逐漸視而不見，到最後根本完全忘了她的臉跟其他人有什麼不同。後來有次碰面聊天，她提到帶女兒去「治療」，我還一頭霧水地問她：「小朋友怎麼了？生病了嗎？」

印象很深刻的是有一次，她到我家來聊天時，恨恨地說到，她最討厭帶孩子出去時，碰到「雞婆的歐巴桑」。

「有些歐巴桑還算有禮貌，會說：『這個可以雷射啊！怎麼不趕快帶去做』之類的，這時我會禮貌性地回答：『有，我們已經在看醫生了。』但是有些歐巴桑真的很討厭，竟然當著小孩的面說：『啊！真可惜，不然應該會是個很漂亮的小女孩！』」

她生氣地說：「可惜什麼啊！我女兒很漂亮，一點也不可惜！」

我牢記著她的話。不論是在路上、在任何地方，看到任何奇怪的情景，我都絕對不要做一個沒禮貌、傷人於無形的歐巴桑。

我也教導我的兒女，不可以當眾去議論別人的外表、不顧別人的傷痛隨意嘲笑別人的缺陷，更不可以因為別人有某些方面不如我們，而沾沾自喜。

平等對待每個個體

「小陽光的聖誕PARTY」活動圓滿結束後，我們大人合照、聊天，兒子也跟哥哥、姊姊玩成一片，在地上溜來溜去，一起玩火車。看著這些小天使，我覺得很開心，尤其是看到爸爸抱著兒子搔癢、阿嬤帶著孫子擠糖霜的時候，他們眼睛裡純真的笑意，比許多我常看到、塗著厚厚化妝品的美女們都還要美麗得多。

我內心不由自主湧起一個願望：我很高興我有機會可以讓孩子們擁有一個開心、不受干擾、安全而自在的上午，更希望他們步出烘焙教室、步出爸爸媽媽安全的懷抱後，也能享有我們這個社會上每一個人的平等對待，讓他們安心、安全，自在且無懼地長大。

小小老闆娘
——給孩子適當的責任感

做不成蛋糕，當老闆娘好了

二○○八年，我與朋友合夥的「媽媽PLAY」親子烘焙聚會剛開幕的時候，我每天忙著店裡的試教、聚會，真是忙得暈頭轉向。某個星期六，我們接下一個小朋友的生日烘焙PARTY，我要幫忙採買，於是就帶著七歲多的女兒趕過去幫忙。

說來不巧，剛開幕時，我們的親子烘焙試做了幾回，每次女兒都沒趕上。不是她有自然體驗課，就是剛好我有事。結果，當天的烘焙PARTY她終於躬逢其盛，看到做蛋糕的現場。不料，因為現場小朋友的人數太多，器具數量剛好，於是女兒只好眼睜睜的看著一屋子的小朋友興高采烈地在烤蛋糕，唯獨她不能做，不禁紅了眼眶。

「媽媽，我也好想做蛋糕！」她跑到我旁邊，小聲地哭了！

這下可好，看她委屈的模樣，我也很為難。這該怎麼辦呢？

我腦袋轉了轉，靈機一動：

「噓！不要哭，媽媽告訴妳，我們是老闆娘喔！妳去餐廳吃飯時，有沒有看過老闆娘到外面跟客人一起吃飯的？」

她停止了哭泣，疑惑地望著我，搖搖頭。

「對啊！妳是『小小老闆娘』喔！所以要幫忙招呼小客人啊！妳的志願不是將來要當咖啡廳的老闆娘嗎？老闆娘是來工作的，不是來玩的喔！」

女兒睜大了眼睛。她伸手抹乾眼淚，問我：「那工作就可以賺錢嗎？」

我點點頭：「對啊！工作賺錢，才可以買菜、煮飯、買房子住啊！」

女兒小小聲地問我：「那她們來玩，有付錢嗎？」

我笑著說：「當然有啊！」

女兒偏頭想了一想：「那我們現在有賺錢了嗎？」

我猶豫了一下，覺得以她現在的年齡，還很難跟她解釋成本、預算之類的事情，於是簡單回答：「如果我們努力的話，就可以賺到錢了喔！」

女兒這下開心起來了：

「好！那我要做什麼工作呢？」

「妳可以幫我貼小花盆！」

轉個彎，讓孩子看見失望背後，還有機會自創價值與快樂

因為示範課的內容是「祕密花園」，老師要用餅乾做成漂亮的花朵，放在巧克力做成的泥土裡，裝進花盆，所以我們一共要貼好八十個小花盆的標籤。

女兒努力地幫小花盆貼標籤，暫時忘了「不能做蛋糕」這件事。而後，她真的努力當好「小小老闆娘」，不但幫我招呼小客人，還幫忙擦桌子、洗碗盤。

回家途中，我讚美她很棒，懂得忍耐不如意的事情。而她也回予我甜美的笑容。一場小小的風波，就這樣化解於無形。

轉個彎，讓孩子聽你的，也了解你行為背後的動機

管教孩子時，我們往往會遇到孩子提出一些我們一時很難解答，或是一時無法處理的狀況，這時候，先不要卡在無法解決問題的死胡同裡，惱羞成怒地責罵小孩，不妨提醒自己或孩子換個方向思考，就能夠輕易解套。

比方說，很多媽媽都遇過，孩子不服管教時，常常頂嘴：

「為什麼什麼事都要聽妳的？」

很多媽媽不是火大地說：「因為我是你媽、你是我的小孩！」

不然就是說：「好啊！不然你不要聽我的，你給我出去！」

然後一場爭執就此展開。其實，遇到這種狀況，轉個彎有時候就化解了。

我兒子有次也因為我不答應他某個要求，而不服氣地說：「為什麼什麼事都是妳決定？」我所做的是故意裝出恍然大悟的表情：

「對耶！為什麼都是我決定？真不公平。而且我好累喔！那從明天開始，家裡的事，都由你決定好不好？」

他嚇了一跳，就此閉嘴不說了。

或是有時候他想要做的，並不是一件很嚴重的事，比方買一包糖果或飲料之類的要求，我也會換個角度跟他討論：

「嗯，也對。為什麼都是我決定？那我們各說一下理由，看看誰比較有道理。」

「媽媽覺得，等一下就要吃飯了，現在不應該喝甜的飲料，因為等一下你會吃不下飯。」

「可是我吃得下！」

「好，那如果你吃得下，我們吃飽飯後，再來買這瓶你很想喝的飲料好不好？」

通常，孩子看妳的態度改變，就會願意妥協接受。

這類「妙答法」，往往可以因為你「突如其來」的轉變，讓孩子忘了原來的堅持，而順著妳的思考邏輯走，解除很多突發的尷尬窘境。

這對小小孩來說也很有效。有一次，我們幾個媽媽一起在附近玩，其中一個媽媽有事暫時離開，託我們照看一下。她才走了沒多久，小孩就開始吵，先是說走不動，後來就開始哭著要找媽媽。旁邊的媽媽們都一直安慰他：

「你媽媽等一下就來了！」

「我們走到前面那條路媽媽就來了！」

但是都無法止住他的吵鬧。

我靈機一動，問他：

「啊！糟糕，阿姨想要帶你去找媽媽，但是這條路阿姨不認識耶！你認識嗎？可以帶我走嗎？」

結果他立刻忘記了哭泣，跑得很快地往前指路：

「走這邊、這條路我知道，我們上次去ＸＸ地方有走過！」

然後，他飛快地領先跑到每條轉角的路口等我，直到目的地，完全忘了找媽媽這回事。

順著孩子的邏輯思考，才不會誤會孩子，溝通才有效

同樣的，孩子的邏輯有時候也跟大人不同，當你突然發現一個問題遇到瓶頸時，不妨換個方式詢問，往往也就真相大白。

有一次，我參加兒子幼稚園大班的校外教學，當愛心媽媽幫忙照顧班上小朋友。到了農場餐廳，桌子上有個觀察箱，裝了一隻青蛙。老師一個轉身，班上一個調皮的小男生就把青蛙放了出來，搞得天下大亂，好不容易才由農場主人將牠捉回觀察箱。當然，事後，老師要追究責任。

於是，老師問他：「你為什麼把蓋子打開，讓青蛙跳出來？」

這小孩一臉理直氣壯：「我沒有。」

老師再問一次：「要誠實喔！是不是你把蓋子打開的？」

小男孩還是很堅持：「我沒有。」

可是，在場所有小朋友都說是他，而且事發當時，我也看到觀察盒在他手上。

老師沉下臉來又問了第三次：「你不要說謊，老師不會罵你。是不是你把蓋子打開、把青蛙放出來的？」

但是小男孩還是一臉執拗，堅決地說：「沒有！我沒有打開蓋子！」

我在旁邊看著這個狀況，直覺事有蹊蹺，於是忍不住插嘴：

「好，那既然不是你打開蓋子的，你可不可以告訴阿姨，青蛙是怎麼跳出來的呢？」

這下小男孩很流暢地說了：「因為盒子翻過來了！所以青蛙就跳出來了！」

「喔！原來是這樣。那你可不可以再告訴阿姨，剛剛我看到盒子擺在桌上，那是誰把它翻過來的呢？」

這下他承認了：「是我把它翻過來的！」

事情到此真相大白！

對這個小男孩來說，他並沒有說謊。老師問的是：「你有沒有把蓋子打開？」因為蓋子確實不是他打開的，而是他翻過盒子之後，自己掉下來的，所以他堅不承認。在他幼小的心目中，他並不知道盒子翻過來之後，蓋子會掉下來、青蛙會跑出去，他只是想看看青蛙屁股底下長得是什麼樣子而已。所以，雖然「蓋子掉落」跟「打開蓋子」這兩個動作造成的結果一樣——青蛙跑出來，但老師的問題顯然並不符合孩子行為的實情，所以他才堅持不承認。

了解真相之後，老師跟我不禁都笑了起來，在簡單地訓誡他之後，此事就告一段落。

不過，這件事給我的印象卻很深刻。因為**孩子的邏輯比較簡單、直率，所以有時候詢問孩子的行為，要很有技巧。往往一個小轉折的誤會，我們就會錯怪了孩子。**

所以在管教小朋友時，不妨牢記：此路不通時，切記換一個方向。有時候只要換個小角度，不僅能為你跟孩子打開一扇窗，甚至還可以多通一條路喔！

女兒的生日會

——讓孩子享受耕耘後的喜悅

在目睹了一場「媽媽PLAY」為小朋友舉辦的生日PARTY之後，女兒非常羨慕，要求我也要在她生日時，為她辦一場生日PARTY。

「媽媽，我也要自己做生日蛋糕、用奶油裝飾，還要請我的朋友一起來做餅乾、玩玩具。」我看著她熱切期盼的眼神，靈機一動回答：「好啊！不過，辦生日PARTY的錢，妳要自己賺！」

正好夥伴雪真在一旁，和我心有靈犀立刻附和：「對啊！我們的場地外借一次是兩千兩百元，雪真阿姨給妳打個折好了，算妳兩千元就好。那麼，如果妳願意的話，每收一次玩具和幫忙整理場地，算一百元。妳只要在生日之前，集滿二十次，我們就送妳一個生日PARTY！」

女兒聽了，低頭想了一下，立刻爽快的答應了。可是她有點煩惱：「媽媽，玩具真的很多耶，我怕我一個人收不完！」我笑著對她說，沒關係，可以請其他的小朋幫忙，到時候，再邀請他們一起來參加PARTY。

收玩具、賺點數

這個約定，隔天就開始實行。雪真幫女兒做了集點卡，每收一次玩具，就蓋上一個日期章，並把集點卡貼在備忘錄的牆上。女兒從八月開始收玩具，為生日PARTY賺錢。

參加過我們聚會的媽媽就知道，「媽媽PLAY」的玩具很多。把所有的玩具物歸原處、並分類收好，真的不是一件容易的事。其中最可怕的是球池和大積木，孩子們玩過之後，經常散落在各個角落，光是一個、一個撿回來，就要人老命！有一次，有個媽媽在她自己的部落格分享時寫道：「她們的玩具暴多的……我真同情那些收玩具的人……」殊不知，每天收玩具的工作，正是我們三個女人的六個小孩共同完成的！

剛開始，一到收玩具時間，孩子們就自動變聾、裝瞎，不肯好好收拾玩具，不是拖拖拉拉、就是你推我、我推你，不然就是太空漫步或藉故裝死。最好笑的是兩歲多小毛弟必定出現的三大名言：「我肚子痛～我不舒服～我想睡覺～」害大家哭笑不得。

不過，自從桐桐開始集點之後，狀況就有了一百八十度的大轉變。女兒本來就是一個手腳很快、負責的孩子，為了要實現夢想，舉辦生日PARTY，更是勤快至極。在她的指揮之下，晴晴負責收「煮飯玩具」、毛弟撿球、宇昕收積木、青青歸位汽車、雯雯放娃娃……每天如同被小偷偷過的混亂現場，在大家分工合作之下，竟然可以在三十分鐘以內收得一乾二淨、清潔溜溜！當然，桐桐是其中年齡最大的，因此她也要負擔最重的工作內容。看過桐桐收玩具的媽媽都對她的「功力」嘖嘖稱奇呢！

為了夢想，連續二十五天勤勞不斷電

每天收完玩具後，桐桐就到雪真阿姨那邊去蓋個章。她在開學前，辛苦地集了十五個左右。每一次收玩具，可是非常嚴格的喔！有時候，因為下半日還要玩，或是隔天的聚會性質相似，玩具只需要大致歸位，這樣的狀況就只能蓋「半個章」。還有的時候，另外兩家的小朋友沒有來，那麼她就必須要獨力完成收玩具的工作。

開學之後，因為沒有辦法天天去，因此她很焦急，經常催促著我帶她放學之後去收玩具。有時候，她因為隔天要上學必須提前離開，於是她就七早八早呼喝著大家收玩具，還會引來孩子們的抗議！總之，她對這件事情十分認真，每天都向我報告她現在最新的集點進度：「媽媽，我已經有八個章了！」、「媽媽，我已經有二十個章了！小樺阿姨說，如果我再集十個，她會送我一個大禮物！」

終於，十月來臨了！女兒數一數，總共蓋了二十二個章！也就是說，她在兩個月內，總共收了超過二十五天以上的玩具！既然女兒實踐了承諾，於是，我們為她訂下十月十八日晚上，舉行生日PARTY。

生日前一週，爸爸替她印了二十張邀請函，她跟我要了班上同學的聯絡名單，自己把邀請函黏在書面紙上、寫上同學的名字，做成邀請卡，一一發給了她想要邀請的同學、老師，還有朋友。然後，她就每天朝思暮想地開始盼望著星期六的到來。

不料，麻煩來了！教室的烘焙老師臨時有事，老媽我只好硬著頭皮自己上場代打！天哪！這下換我緊張了！女兒千盼萬盼的生日PARTY，要是被我搞砸，那就慘了！還好請假的老師事先幫我準備好了材料，我趕緊衝到大賣場選購糖果、餅乾、飲料，然後回去吹氣球、貼裝飾，並且自己手工製作了一個驚喜禮物包！

揮淚播種者，必歡呼收割

接下來的兩個小時，整間房子裡充滿了吵嚷與笑聲，我手忙腳亂地帶著十幾個小朋友體驗烘焙。但是對我而言，那是幸福的片刻。為自己所愛的人實現夢想、製造歡樂，那是無上的甜蜜。

我告訴大家「收玩具集點」小典故，女兒在大家的掌聲中靦腆地笑了。小朋友們入座後開始一起玩烘焙，現場滿溢著餅皮的奶油香，以及鏗鏗鏘鏘的攪拌聲。在等待南瓜派出爐的空檔，孩子們一起看了桐桐同學們自製小禮物、小卡片（因為我交代不收禮物，所以大部分的小朋友都帶了親手寫好的卡片來），並且一起做好了裝南瓜派的包裝盒。

香噴噴的橘色南瓜派，終於出爐了！桐桐為自己擠好了奶油，跟大家一起吹了蠟燭，接下來，媽媽的驚喜就要登場嘍！

我把一大包紙包的圓鼓鼓神祕禮物，低低懸掛在屋梁下，接著把棍子遞給了孩子們。桐桐立刻率先對著禮物包展開一輪猛攻！其他的小孩隨即領悟，也跟著笑起來、用力打著花紙包。「啪」一聲，紙包破裂，伴隨著「嘩啦啦」聲響掉落的，是無數的糖果、餅乾跟彩色小磁鐵！小孩們一擁而上地搶糖果，笑鬧成一堆，派對氣氛達到了最高潮！

九點半，小朋友們帶著糖果、餅乾、南瓜派，開開心心地回家嘍！

一群人收拾好善後回到家，已經三更半夜。女兒笑瞇瞇地對我說：「媽媽，我今天真的好快樂、好快樂！」

是的，媽媽今天也好快樂、好快樂！

媽媽希望妳知道，為實現夢想而付出代價，是值得的。揮淚播種的人，必歡呼收割。

親愛的女兒，生日快樂！

別敷衍孩子的問題

——孩子問問題，家長要跟著動腦

物理學大哉問，我家兒子是天才

某週二去科學館，青青玩了一小時「跳跳樂園」（氣墊）後，就對門口那個慣性運作、按照軌道運轉、像骨牌一樣的球產生了興趣，一看看了快一小時，把每一顆球怎麼跑上、跑下都看了個仔細。

我在旁邊陪他看，看久了有點覺得無聊，順口就講了幾句「地心引力」、「彈力」、「慣性運動」之類，老媽我勉強記得的一點物理給他聽。心想反正是「鴨子聽雷」才五歲半的小孩嘛。

沒想到，隔天晚上洗完澡，他突然問我：「媽媽，我們身上每個地方都有血嗎？」

我理所當然地回答：「對啊！」

沒想到前一天的「物理學」已經在他腦中發酵。

於是，他歪著頭，指著自己的腦袋、脖子等處繼續問我：

「那這裡、這裡也有血嗎？」

我有點納悶，不知道他葫蘆裡賣什麼藥：

「對啊！人的身體裡到處都有血管輸送血液，所以頭腦裡面當然也有血啊！如果發生車禍，頭摔破了，會流出很多血的！」

聽完我的肯定答案後，青青露出一臉「我抓到妳小辮子」的詭譎微笑：

「可是，媽媽，妳不是說，水都是往下流的，因為有地心引力嗎？那麼為什麼血會往上流到頭裡去呢？」

哇！大哉問！

跟所有突然發現兒子是天才的媽媽一樣，我對他這一「問」大為驚豔，立刻拿出他常玩的「吸球」當比喻。把「吸球」吸飽水之後擠出來，水就可以向上噴，藉此向他解釋心臟與血壓的關係。他也聽得津津有味。

本以為，這個問題就到此告一段落。

沒想到，中午出門，剛好遇上一陣傾盆大雨。青青指著車子擋風玻璃上的水珠再度發問：「媽媽，那窗戶上的水沒有心臟，為什麼也會往上跑呢？」

哇咧，這下當年物理念得不太好的老媽就有點尷尬了，只好硬著頭皮簡單解釋了一下什麼是反作用力、車窗角度等問題。

下午游泳回來，他的問題更多了：

「媽媽，為什麼妳有大ㄋㄟㄋㄟ，我只有小ㄋㄟㄋㄟ？」

「為什麼妳沒有雞雞？為什麼我沒有ＢＢ？」

「為什麼男生只要穿泳褲，女生卻要穿上衣游泳？」

「為什麼我們家沒有很多錢？」

「為什麼妳每天都要打很久的電腦？」

回答青青的問題，是老媽我很頭疼的一件事，我相信很多媽媽都歷經過同樣的過程。孩子在這個階段問題很多，有時候真的令人難以招架。

鼓勵孩子懷疑、發問，盡可能提供資源與協助

不過，我一直認為：會問問題的孩子，才是頭腦聰慧、認真思考的好孩子！正因為有所懷疑，這個世界才有進步！所以，不論孩子問了我們大人再怎麼覺得無聊的問題，也絕對不可以隨口敷衍孩子：

「長大你就懂了！」

「問這麼多幹嘛？」

通常，我會在我的知識範疇裡，盡可能以他聽得懂的解釋去回答他。如果連我也不懂，那麼我會盡可能跟他一起去找尋答案。如果，孩子問的是一個沒有標準答案的問題，那麼，不妨可以趁機問問他的想法，跟他一起討論問題，養成凡事思考的習慣。

比方說，女兒五歲時曾經問過我：

「媽媽，什麼是『窮人』？」

當時，我簡單解釋了「沒有足夠的食物和衣物」等抽象說法，但她顯然無法完全理解，於是我一直記得這件事。後來，我收到一段網路上轉寄的落後地區難民照片，於是我將她抱在電腦前，放給她看。她看完之後，受到很大的震撼，半晌說不出話來。從此以後，每當碰到她不吃的東西，我只要提醒她那段影片，女兒就會默默地把碗中的食物吃完，再也不抱怨半句。

仔細解釋原因，孩子自然而然守規定

還有一次，兒子問我為什麼我不准他們吃東西沾很多醬油？於是我花了大約十分鐘的時間，詳述了我們的泌尿系統、腎臟、身體和鹽分的關係，讓他們了解為什麼我們不適宜攝取過多的鹽分，以及腎臟如果病變我們將要付出什麼代價……從此以後，不用我提醒，他們自己會注意不要吃太鹹。

同樣的，糖果為什麼不能代替正餐？飲料不能代替水？我都詳細地說明過，也因此他們兩個的飲食習慣都相當不錯，懂得自我克制。也因為我每次都會不厭其煩地利用圖片、書籍詳加說明，所以他們另一個收穫就是，對人體的知識也累積不少。

有時候，孩子不能遵守某些規則，往往只是因為他們不了解其中詳細的原因，像是為什麼要吃蔬菜、水果？為什麼要洗澡？為什麼要刷牙？如果大人們願意多花一點時間告訴他原委，往往就不需要花很多時間不停地叮嚀或嚇阻他們做同一件事。

記得兒子四歲時，有次為了想看看烏龜殼下面的身體是什麼樣子？於是去拉了我家烏龜的頭跟腳。我發現之後，立刻上網找資料，然後抱著他一起看圖片，跟他解釋烏龜的殼是隨著身體而長大、是身體的一部分，不能分開，這樣做會讓烏龜受傷。從此以後，不需要再告誡，兒子再也沒有傷害過小烏龜。

教育，就在孩子的問題裡

當然，有時候孩子問問題時不見得是好時機，正好父母在忙，或是一時間無法回答，但是這時候千萬不要不耐煩、發脾氣：

「我怎麼知道？」

「你問我我問誰啊？」

「你煩不煩啊？」

你可以請孩子先把問題記下來，等到你有空時再一起找答案；或是給他一個方向，鼓勵大一點的孩子試著自己查資料。孩子的好奇心是老天爺給他們最珍貴的禮物，千萬不要因為一個不耐煩而澆熄求知之火，這是多麼可惜啊！

三歲以上的孩子常常很喜歡說：

「媽媽！你過來看一下！」

但是，媽媽往往懶得走過去分享孩子們的新發現。

我常開玩笑說，孩子如果回頭大叫：

「媽！我要喝水！我好冷！我肚子餓！」

媽媽們一定忙不迭跑得比誰都快，但是，每次孩子想要和你分享他發現的新事物時，父母卻覺得不是什麼大事，興趣缺缺。

其實，我認為兩者做法正應該相反。

當孩子有生理需求時，應該鼓勵他自己解決：自己穿衣、吃飯、自己照顧自己，培養獨立的習慣，不要只動一張嘴。

但當孩子想和你分享疑問、提出新發現時，才是你應該熱切參與的時刻。站起來、走過去，看看孩子發現了什麼？鼓勵他再接再厲、追求新知。這才是「教育」的重點。

記得我們曾經因為好奇蝌蚪是怎麼變成青蛙的，而從水裡撈了幾隻蝌蚪回家；也記得，我四年級有一陣子很怕死，忍不住問媽媽：「妳怕不怕死」的時候，我媽回答我時那種祥和的臉色：「人死就好像樹葉老了會掉下來，等妳老了就不怕了。」媽媽邊煮飯邊回答我的那幕景象，至今深印腦海……

秉持同樣的心情，當孩子叫我抬頭看看車窗玻璃上有七彩光時，我也很樂意跟他一起分享光線的新發現。

這個階段是孩子求知欲最為旺盛的時刻，他問過的問題絕對不會忘記，而且還會把妳告訴他的事情牢牢記住。我家青青是「媽媽PLAY」教室裡的「知識傳播者」，教室裡經常有類似對話：

雪真阿姨問小宇：「你知道彩虹是怎麼來的嗎？」

小宇：「是光照到水珠上反射出來的。」

雪真訝異：「你怎麼知道？」

小宇：「青青哥哥說的！」

當然啦!有時候青青的問題，也真的很難回答：

「媽媽，如果將來我不會賺錢怎麼辦？」

「媽媽，為什麼妳這麼兇？」

「媽媽，為什麼我們叫妳媽媽，不像葉毛弟他們一樣叫媽咪？」

……

目前，我個人認為，排名第一難以回答的問題是：

「媽媽，你覺得我將來死了以後會不會下地獄？」

PART 5

寫給父母

——父母是孩子最好的老師

一個肚子兩樣情

——用愛化解偏心

孩子有自己與生俱來的氣質

很奇怪，同一個肚子生出來的，老大跟老二，個性跟氣質截然不同。

老大從小健壯好帶，生出來三千四百公克，是當天醫院誕生的女嬰中，個頭最大的！她從小吃得多、睡得好、抵抗力強，我上班期間每一頓要喝兩百CC的奶水，月子裡就可以一覺到天亮，至今很少生病。老大運動細胞很好，跑得快、跳得高、不怕水，單槓、爬竿都難不倒她。看到游泳池噗通一聲跳下去，完全無所畏懼。

個性憨厚的她，開口說話比較遲，第一次冒出兩個字的「ㄋㄟㄋㄟ」，已經足足一歲四個月。好不容易等她說一句完整的「媽媽回來了」，又足足過了一年。三歲上幼稚園時，老師一度以為我們家是講台語的，因為她經常一副聽不懂老師說話的呆樣。

這個班上最高的女生，個性外向，很容易交朋友。雖然看起來活像五、六年級的小孩，但是一哭就露餡，嘴巴張得老大，看起來幼稚的很！跟弟弟吵架經常吵不贏，只好使出暴力手段。當她半夜用她溜冰鍛鍊出來的有力雙腿踢被子時，連媽媽都畏懼三分！她愛看有公主的童話故事，ㄅㄆㄇ學得很快，不過數學能力不怎麼樣！一年級學校教過「看時鐘」，但是到如今還是搞不太清楚現在幾點？

老大的堅持度不高，威脅利誘都很容易奏效，十分好騙（唉！像她老爸）。但是她動作十分迅速，是個急性子，寫功課、收玩具都一級快，從來不用催促，負責又認真。

至於我家的老二呢，則是一個難纏的小鬼頭。他在媽媽肚子裡就搞了個「前置胎盤」，害我懷孕中期不斷出血，只好住院安胎。好不容易超過兩千五百公克可以生出來了，卻又鼻淚管不通、十指莫名不停地流膿，搞到差點住院。他還沒滿月就染上感冒，四個月就併發氣喘和蕁麻疹，接下來動不動就肺炎、氣喘住院……總之，奇怪毛病一大堆。

老二雖然是男生，但很會說話，一歲四個月大，姊姊當年才剛學會說兩個字的時候，他已經可以成串的句子講個不停，罵起人來也頭頭是道。不過，他嘴巴非常厲害，膽子卻奇小無比，溜滑梯怕、游泳池也怕、爬高鑽低怕、陌生人也怕。

最奇怪的是，不知遺傳誰的龜毛脾氣（我絕對不承認是我），個性倔強又孤僻，喜歡一個人玩。全家要出門逛街，他老兄搖搖頭，說不出門、就不出門！偏偏精明難搞，哄騙很難奏效！

姊弟倆天差地遠的個性，有時候真讓人不解！同樣一個男人的精子、同樣一個女人的卵子，怎麼配出一對截然不同的孩子來？

姊姊個性大剌剌的，東西走到哪裡丟到哪裡，經常亂塞找不到。新玩具第一天就斷手斷腳是家常便飯。弟弟天生有整齊癖，什麼東西都要排放地整整齊齊。媽媽替他買的甲蟲與恐龍，他為了怕弄散，整整一星期都不肯拆封，寧願抱著包裝盒純欣賞！

姊弟倆不同的地方還很多：姊姊一頓吃四碗，弟弟一頓吃四口；姊姊高頭大馬，弟弟又瘦又小；姊姊不喜歡零食，弟弟不喜歡正餐；姊姊是個急驚風，弟弟是個慢郎中；姊姊害怕寂寞，弟弟享受孤獨。

每次去戶外運動，看著姊姊的直排輪滿天飛、騎腳踏車呼嘯而過、游泳池裡像一條翻騰蛟龍時，弟弟就像是畏縮小蟲，只敢在旁邊舀舀水、沾沾腳；但是當媽媽問姊姊：「一公升少三塊，那三公升少幾塊？」解釋半天卻還聽不懂時，弟弟卻會悠悠然在旁邊扳著手指頭說：「是九塊！」看著頭腦敏捷的兒子，又看看四肢發達的女兒，我的天！我不由得慨嘆：要是兩個人的腦袋跟身體加起來綜合一下該有多好啊！

還沒當媽媽前，總覺得孩子是父母養出來的；小孩是什麼樣，父母要負全責。自己養了兩個孩子之後，我越來越同情父母：因為，孩子自有他原來的樣，絲毫勉強不得！從前人常說，十隻手指伸出來都有長有短；一個肚子裡生出來的孩子，又怎會一樣呢？同樣的環境、同樣的養育方式，只因為那兩根細胞裡歪歪扭扭的「基因」，竟會差距如此之大！只得讓我豎起大拇指，寄上無限敬意。

偏心是人之常情

這也難怪，有些做父母的若是一個不注意，就會心有所偏。有一次，我跟自由時報記者王瑞德同台，談的是教養話題。他在節目中咬牙切齒地說，他曾經暗自發誓，將來他媽媽過世，他不會留一滴眼淚。他說，他媽媽從小就對他不好，曾經一個學期不給他帶便當，讓他沒有午餐吃。他說：「我跟弟弟同房，眼睜睜看我母親在弟弟枕頭下塞錢，但就是不給我吃飯！」他恨母親恨了一輩子，連帶的跟弟弟相處也不融洽。

我在一旁聽了感覺很「驚悚」，默然沒有說話。因為我親眼看過這樣的例子。我外婆對我母親也是如此。外婆很疼舅舅、阿姨，唯獨跟我母親處不好，母親從小就渴望母愛，但始終得不到母親眷顧。我不知道為什麼。

我常常在想，人跟人之間，確實有個性融合的問題。孩子是人，母親也是人。只要是人，都有「合與不合」的問題。

比如說，跟兒子比起來，女兒就是比較不容易惹我生氣。每當我發怒，她會在第一時間道歉認錯。兒子呢，撒嬌一流，但是套一句好友的形容，他真的很「哈雷」——重型「機車」！有一次，我們母子竟然為了一句道歉，僵持到半夜三點！

因為孩子的天生個性、父母的天生個性，親子之間的默契與衝突便悄悄地存在了。

經常看到周邊的父母親，很明顯特別疼愛某個小孩，有時候難免替那個不受寵的抱屈。不過，換個角度想，不受寵的那個將來就一定比較不幸福嗎？那也未必。「生命自有出路」，一對雙胞胎在肚子裡時，「不公平」就已經存在了，「偏心」這件事，對父母來說，恐怕是永遠未解的難題。

用愛化解偏心，消弭特質差異

我不知道，我有沒有那樣大的智慧，能夠了解每一個孩子的特點，並用最大的容忍度去包容他們。但是，**我相信絕大多數的母親，在面臨與自己不同性格的孩子時，靠的不是「理解」，而是「愛」**。

我想，將來有一天他們長大了，我可能會再也不能夠理解他們，就像我不理解為什麼同樣是我的肚子生出來的孩子，差距竟會如此之大？但是，我想，我會竭力用我最多的愛，不讓孩子發現，我與他們是這麼的不同。

五歲再上幼稚園

——學習需要等待

別忘了孩子本來就是孩子，而後才是學習的個體

每年一到暑假前，就會遇到很多媽媽熱烈地討論選托兒所、幼稚園的問題，通常我在一旁是一聲不吭的。

老實說，我對幼稚園並沒有多大好感。我認為，幼稚園的存在是給那些因為上班而不能自己帶小孩的人方便而來的。因此，我家小孩除了老大在我生產那年念過一學期的「幼幼班」，兩個孩子都只有念一年的大班（半天班）。我認為，孩子不適宜過早去幼稚園。而老大之前的經驗，更堅定了我的想法：「五歲才是適合上幼稚園的年齡！」

就生理方面來說，孩子能自己處理好大小便、擦屁股，大約要到四歲半左右；能自己挾菜、添飯、完整地進食，大約也在四歲半左右；要完全學會穿衣、脫衣、扣扣子、拉拉鍊、穿鞋，並明確表達冷熱感受，大概在五歲左右。而且，大部分的幼兒傳染病都攻擊「五歲以下」的幼童；最重要的是，孩子要能夠說清楚、講明白媽媽不在的時候發生了哪些事，大約也要將近五歲。

就心理方面來說，同理心要到三歲時才發展，三歲半左右才開始跟同儕展開互動，四、五歲的孩子才是最需要玩伴的時候。

就語言發展來說，語言學家建議，開始學習第二外語的時間最好在「五歲以後」。五歲前，是打好母語最重要的時機，也是孩子最依賴媽媽的時間，更是家庭養成人格基礎的時機。而且，五歲開始小肌肉發育較為成熟，才能進行「仿寫」，提早教導閱讀、寫字，對孩子並不一定是福。

準備好再上：過早上學，孩子容易沒安全感

我家老大第一次去幼稚園的時候，只有兩歲十個月，那時因為家庭狀況不得已，只好送到幼幼班去。三歲左右的孩子分離焦慮還很嚴重，除了前幾天的新鮮感，接下來幾乎天天上學都要來一場「生離死別」。雖然老師也告訴我，我一走她就不哭了，但是，到最後她每晚睡覺時都會感到焦慮，有時候連睡夢中都會哭喊：「媽媽！不要走……我不要上學！」

於是，我知道她還沒準備好，就不再勉強她。

五歲再去上學時，就全然不是這麼回事了！

她每天晚上都期盼著第二天學校的活動，上學連再見都來不及說，就頭也不回地跑進教室，完全沒有所謂的「分離焦慮」。五歲後的「大班生涯」中，她沒哭過一次。而據我觀察其他小朋友，很明顯的，在兩、三歲幼幼班門口哭哭啼啼的情形，到了大班也幾乎完全消失。

我知道，她準備好了！

三歲第一次上學時，我每天問她在學校做了些什麼，她總是說不清楚；問她老師有沒有罵人？她也不知道。

五歲第二次上學時，同學的名字她可以如數家珍、今天老師對誰說了什麼，也知道明

天要準備什麼東西。做媽媽的可以光憑她的敘述，就描繪出學校的概況，大大放心不少。

三歲第一次上學時，原本幾乎不生病的健康寶寶，一到學校去就連續病了好幾個月，幾乎每星期都染上感冒。第二次上學，我本來預計她又會感冒好幾個禮拜，沒想到，這回她壯得跟頭牛似的！偶爾一、兩次感冒，也很快就痊癒，抵抗力顯然變強許多。

我想我找到原因了：她長大了！

因此，在老二有先天性氣喘、容易因為感冒而發病的狀況下，更堅定了我「五歲前不上幼稚園」的決定。

媽媽支援系統能取代幼稚園的功能

很多人會問，不上幼稚園，寶寶每天在家跟媽媽大眼瞪小眼，豈不是要發瘋啦？我的建議是，雖然不上幼稚園，不過親子可以一起做一些時間較短、能由媽媽彈性陪同的各類「活動」。這些一小時、半小時的所謂「才藝課程」，不必一定要選擇坊間價格昂貴的名師，甚至可以由社區裡的媽媽互相支援，主要目的只是讓孩子有接觸外界小朋友的機會，也讓媽媽能稍微休息、喘氣。

青青五歲之前，每週的行程是這樣的：

週一：參加「媽媽PLAY GROUP」。我們一共有七個家庭，每週一會相約聚會，天候不佳（太熱、太冷、下雨）就在彼此的家裡舉行聚會。天氣好，或是想去什麼地方的時候，就改成戶外聚會。如果週一聚會我剛好要錄影或有事，那麼青青就會由他熟識的小樺阿姨及其他五個媽媽共同照管。因為已經相處兩年了（小樺阿姨是姊姊的PLAY GROUP成員，認識已經七年嘍！），所以他已經很習慣跟其他玩伴一起玩，即使媽媽不在，他也玩得很痛快！

週二：早上跟著媽媽去「媽媽PLAY」教室跟其他小朋友玩，下午睡個午覺繼續玩。晚上七點至八點在社區上幼兒「圍棋課」（每堂一五〇元）。

週三：下午一點在「媽媽PLAY」參加音樂律動，傍晚去附近小學操場踢足球（奇旺足球戶外教室，每堂一五〇元）。踢完足球去附近一家寵物店看老闆餵蜥蜴、蛇和烏龜，晚上跟媽媽到處晃晃，或租片子回家看。

週四：下午參加「媽媽PLAY讀書會」做勞作、吃點心、聽故事（原價每堂三五〇元，但因為媽媽是老闆娘，所以省下來嘍！）。晚上可以看半小時卡通。

週五：早上起得來的話，就再去一次讀書會。下午，如果媽媽跟姊姊的自然課可以帶他一起去，就一起去爬山；如果不行，就跟阿嬤去姑姑家跟表哥玩。

週六、**週日**：白天跟媽媽去上班，或是跟小東叔叔去「內湖運動公園」玩、跟爸爸出去走走，晚上去阿公家聚餐、下棋。每月會去山上露營一次。

每天晚上，爸爸、媽媽還會輪流講睡前故事。青青喜歡的故事跟姊姊不一樣，他喜歡看恐龍、昆蟲、動物類的書籍，對於哺乳類動物如數家珍。

算起來，青青一週的行程還滿豐富的，而且花費並不算太高，尤其是我創辦「媽媽PLAY」之後，他每天不乏玩伴，更加快樂。

學齡前的學習重在生活、發展感知

聽完青青一週的行程，很多媽媽會繼續問：那「學習」的部分怎麼辦？剛開始我一頭霧水：「他每天都在玩、學習啊！」他會自己上廁所擦屁股、自己洗頭、自己刷牙、自己吃飯、洗碗，還會照顧兩歲半的毛弟呢！

後來才知道，很多媽媽擔心的是「學業」的部分。但其實學前年齡的小孩，並不需要太早認字、寫字、讀書，最重要的，其實是發展腦中各種聲音、認知、邏輯、感官、統合等區塊。不過，我這個看法，經常引來許多媽媽的緊張：「不上幼稚園，在家都沒有學到東西，那該怎麼辦啊？」

即使如此，我還是要說，在家可以學的東西其實可多著呢！不要小看生活每一分細節，它們都是最好的生活教材！

早上起來，寶寶就可以學著自己漱洗、刷牙、用餐，接著去公園跑跑、跳跳，鍛鍊大肌肉；在停車場看車牌可以學認數字、ＡＢＣ；就連在路上看招牌，也可以認得不少字。跟媽媽去郵局、銀行辦事可以學習看燈號、數數，上街買東西也可以學習日常用品的說法、用途、買賣和算數。去菜市場、超級市場可以練習認識蔬菜、水果、食品，去海產店吃飯時也可以看到不少水生動物。

平常在家還可以下棋、畫畫、玩遊戲，媽媽煮飯時可以幫媽媽剝豆子、洗蔬果；吃完飯，還可以洗洗小碗、擦擦桌子。媽媽晾曬衣服時，寶寶可以幫忙摺疊，練習小肌肉發

展；外出去朋友家作客，也可以藉機觀察朋友家的裝潢、房子，讓孩子學著適應不同的環境，以及跟不同的大人相處。

媽媽聊天時，寶寶也可以一起玩，練習人際關係。還可以在週間去動物園、美術館、圖書館看展覽、看故事書，不用跟別人擠來擠去，享受良好的參觀品質。

就算什麼也不做，每天光是和媽媽一對一的對話，孩子也有很多聽話與說話的機會，不見得比在幼稚園吸收到的知識少喔！如果媽媽們可以組織起來，跟附近的鄰居親友固定聚會，就像我當時和一些網路媽媽結合組成PLAY GROUP，那更是一點也不寂寞了！

學到又玩到：充分利用周邊資源，學習樂趣無窮

至今，我都還很懷念過去那幾年和網路媽媽們每週出遊的美好回憶。當時，我們經常一起賞花、戲水，也一起郊遊、野餐。我們經常利用政府的免費資源去參觀、活動，足跡遍布北部各縣市。有一天早上，我們其中一個媽媽預定了「大直消防隊」的參觀行程，孩子們在一個鐘頭內，不但摸了一隻超肥的綠鬣蜥，還參觀了雲梯車、消防車、救護車，甚至還親手操作灑水器喔！他們超級興奮的！

我們也曾經在家痛快玩水彩、做浮水印，也曾在雨天裡穿雨鞋在街上踩水。兒子經常一玩就超過一小時，印出十幾張作品。想想看，在幼稚園裡，兩個老師要照顧三十個小孩，哪有可能讓你一個人花這麼多時間做一件事、發揮創意或耗盡體力呢？

晚上，爸爸的睡前故事裡有甲蟲、恐龍，也有孫悟空；白天，阿嬤的花盆裡可以挖蚯

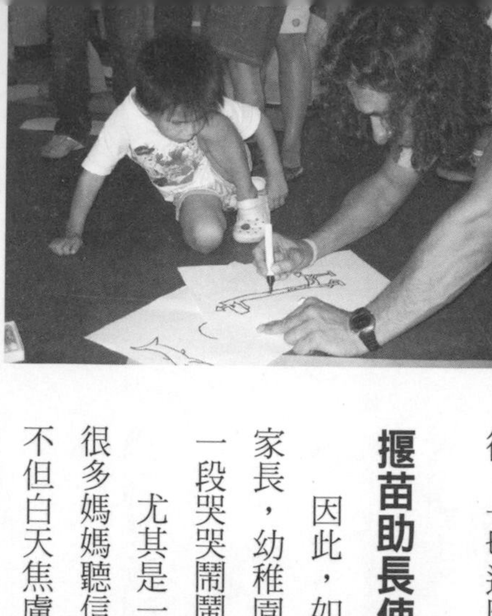

蚵、摘黃瓜。我們當時的PLAY GROUP小朋友一星期有兩天固定見面、玩耍，平常的時間裡，還有鄰居小樺、雪真的兒女可以一起玩。

我很滿意這樣的安排。而我的兒女、以及許多和我一樣做法的媽媽，孩子在上小學後，一切適應也都毫無問題。

揠苗助長使不得，放慢腳步等一等孩子

因此，如果你的家庭狀況許可、有長輩可以協助照顧孩子，又或是你本身就是個全職家長，幼稚園不一定是「唯一」的選擇。比起提早把兩、三歲的孩子提前送進學校、來上一段哭哭鬧鬧的痛苦分離經歷，不如等孩子「準備好了」再上幼稚園。

尤其是一些比較內向的孩子，他需要的準備時間和適應年齡應該要更久、更大一些。很多媽媽聽信所謂「內向的小孩就要提前送幼稚園訓練」，往往讓孩子的身心飽受煎熬，不但白天焦慮，連晚上都噩夢連連，實在很令人心疼。事實上，五歲前的寶寶最需要的就是媽媽，或是一對一的照顧，這樣不但不容易感染疾病，也可以有比較充足的時間建立信心和安全感，等到人格發展完善後，才能有足夠的勇氣去建構獨立的能力。

與其擔心孩子沒有「學些什麼」而勉強去適應幼稚園，不如放慢腳步，讓他從家庭中開始學習。相信我，媽媽就是幼兒最好的老師。

如果妳是一位全職媽媽，不妨讓寶寶大一點再上幼稚園吧！珍惜妳跟寶寶相處的點點滴滴，妳會發現，那是一段珍貴的黃金歲月。

網路迴響

網友詢問：由家裡長輩帶孩子，該怎麼要求長輩引導孩子呢？

安儀：我以前上班時的做法就是幫孩子報名活動，都在住家附近，讓阿嬤定時帶小孩去上才藝課，畫畫、跳舞之類的，讓孩子每天下午有一件事情可以做，而且距離不遠，阿嬤走路就可以到。然後請阿嬤每天傍晚帶孩子去附近公園玩，給他買腳踏車、滑板車、球、飛盤之類的東西。其實我覺得這要看阿嬤，因為有的阿嬤願意配合，有的就沒辦法，所以，看情況嘍！如果真的沒辦法，找一間好一點的幼稚園也是一種選擇。

reserping：我家的孩子最近開始上幼稚園，如您所描述，每天早上都不想去上學，一大早就醒過來哭，問她上學的事也講不清楚。可是下課回家可能因為高興、因為不用上學了，又很愛假裝上學，說她要去上學等等的。我認為她不是不喜歡上學，只是不喜歡離開媽媽，如果讓她選，她也寧可跟爸爸待在家裡玩。我想三歲的孩子真的還不適合去上幼稚園，至少我孩子是這樣。我一月時就陪著孩子三不五時去幼稚園玩一下，順便認識一下老師跟同學。這個幼稚園滿有彈性的，以玩居多。即使如此，孩子還是很不得已才去的。她跟我說：「我想去幼稚園，但要妳陪我去。」這應該解釋為還不適應，還是解釋為時候未到呢？我該不該讓她放棄回家呢？我也看不下去她每早上都這麼難過的樣子，但大多數的人都說習慣就好了，一個月了都還是這樣我不覺得好……本來擔心不去幼稚園的話沒有玩伴，我雖然會帶她去公園，她也不太喜歡跟不認識的小朋友玩……我想，也許等她再長大一點，需要朋友更甚於父母的時候，她就會比較願意去幼稚園了吧！但周遭的人一直覺得如果我不送她去「訓練」的話，會讓她永遠踏不出這一步。

安儀：我的想法不是這樣。我覺得孩子這個階段需要玩伴，但需要在「家人陪伴」下去認識玩伴。等到時機成熟，信賴感建立，他自然可以離開媽媽獨自跟玩伴在一起。我們「媽媽PLAY」和我

網路迴響

們的PLAY GROUP有太多這樣的例子。

三歲左右孩子，剛開始都會緊緊黏著媽媽，大概要半年至一年，跟同一群人、同一群孩子，慢慢建立起感情及信賴，媽媽才可以名正言順地離開，而孩子可以既不哭、又不鬧地留下來單獨跟其他孩子在一起。如果大一點，時間可能就會縮短一些，四歲可能只需要一起玩個幾個月，就可以適應。為什麼我覺得上幼稚園的時間是五歲？就是因為我看到大部分的孩子要到五歲，才能夠在比較短（幾天之內）的時間適應新環境。

這些三歲左右的孩子，想當然耳，一開始就送到一個完全陌生、又沒有親人陪伴的地方，一定會哭得很悽慘！而且這樣沒有安全感的適應，往往會留下很嚴重的後遺症。有的孩子會怕黑、怕陌生人，或者害怕媽媽突然離開，變得很沒有安全感。

試想，就算是我們這麼大的人了，如果你現在一個人被送到中國大陸，雖然語言相通，但一個人都不認識，要叫你在那邊跟別人一起吃、一起睡，你可以接受嗎？那我們為什麼可以這麼殘忍地要求一個三歲的孩子要被「訓練」到接受呢？

上班族媽媽為了經濟狀況，當然是沒法可選。但是如果可以負擔得起，我的建議是讓固定的保母至少帶到四歲、五歲，再去幼稚園，會是比較人道的做法。畢竟孩子要熟悉一個人，比熟悉一群人要來得容易。而且，越是內向的孩子，需要的適應時間就越長。

我不喜歡「訓練」孩子這個說法，孩子不是動物，他是人。我們可以引導，用他可以接受的方式，而非鐵血教育。孩子不會永遠踏不出這一步的。只要年齡夠大，他的安全感、信任感建立，自信心夠強，絕對可以自然而然地適應，不用經過哭這一關。我周遭有非常多的例子，都是很成功的！

媽媽的支援系統

——主動開發幫忙帶孩子的人情名單

善用周邊資源，靈活運用兼開發

有讀者問我，為什麼我有這麼旺盛的精力，白天工作、帶小孩，晚上寫作，還可以東奔西跑、活力十足？我回覆說，除了因為現在我做的，都是我喜歡的事情之外，還有一個原因，就是我很善用「支援系統」。

我認為，所有小孩的媽媽都要建立自己的「支援系統」。而且，支援帶小孩的人手，最好不要只有一位。上班媽媽平常有保母、托兒所支援帶小孩，全職媽媽也要練習發展自己的支援系統。

什麼是「支援系統」？其實，簡單說，就是「可以幫忙你帶小孩」的人。支援系統可以是爸爸媽媽、公公婆婆、兄弟姊妹、大姑小舅、鄰居朋友、死黨同學……只要妳的小孩願意跟他在一起幾小時不會哭，並且雙方信任度夠，那麼對方就可以成為妳的支援系統。

我生孩子前，並沒有跟公婆住在一起。孩子落地，婆婆因為想幫我帶小孩，我又不願意跟小孩分開，於是她決定搬來和我住。當然，跟小孩朝夕相處的婆婆，就是我的第一支援人手。

除了婆婆之外，娘家父母和我的妹妹也是很好的支援人手。在婆婆生病住院、出國旅遊的期間，我那未婚的妹妹經常在假日幫我照顧幾小時的小孩，有時候，我演講、錄影，她就幫我去附近公園「溜」孩子。當然，未婚女孩沒辦法像媽媽一樣有耐性，所以通常只有短時間的幫忙，我會拜託她。

另外，我在內湖有一群「媽媽朋友」，因為大家住得近，常常可以互相幫忙。這些媽媽的結識，要往前回溯到我在「親子網站聊天區鬼混」的時代。那時候我在聯合報系上班，固定週休星期三，因為週間找不到上班的朋友出門玩，老公也不能相陪，所以我就在網路上號召全職媽媽，週三跟我一起出遊。

當時，這些媽媽們暱稱我們是「安安旅遊團」，我們每週三輪流安排行程，帶著孩子四處遊山玩水：大湖公園野餐、陽明山賞花、士林官邸漫步、故宮看展覽、游泳池嬉戲、果園採草莓……一群媽媽的足跡踏遍台北縣市！有一次，我們一夥女人開了四部車，殺去金山海邊弄潮！全盛時期一起出遊的媽媽，大約有近二十位之多！後來，因為我跳槽到壹週刊，休假日改為正常週休六日，「出團」的行程停止。不過，很自然的，團體中談得來的媽媽們，便自然而然走得比較近，結成了PLAY GROUP，不但為孩子找到了伴，媽媽們彼此也成了最好的支援系統。

支援網絡一把罩，孩子自然被照顧得無微不至

其中，「住得近」對於彼此支援最為重要！我跟好友小樺從那時起相識，但是真正走得比較近，是因為後來我也搬入汐止。我們兩家車程距離不到十分鐘，小樺跟我都是自由業，因此我們工作的時候，便經常互相幫忙。她忙的時候，會打電話來問我：「晴晴、雯雯可不可以去妳家玩？我需要四個小時把網路弄好。」或是，當我錄影趕不回來時，我也會打電話給她：「青青晚上麻煩妳順道送回我家可以嗎？」

後來，我們的PLAY GROUP又加上了雪真、MIA、秋萍……媽媽們在一起，互相照顧小孩，彼此也傾吐煩惱、分享孩子的成長。對我來說，這些媽媽朋友和我的同學、同事不一樣，因為彼此小孩年齡相近，我們有更多的話題、更多的默契，或許她們不如我單身的死黨那麼知心，但她們絕對比我單身的死黨可以幫我更多的忙！我們這一群媽媽，就這樣建立了很穩固的感情基礎，不但小孩們彼此熟識，媽媽們也彼此信任，更因為大家都住得近，逐漸變成很棒的支持網絡。

累積人情存款：主動付出最重要，貼心禮數不可少

很多媽媽看著我們這樣出遊、一起分擔育兒壓力，都很羨慕：「真好，有這麼多人可以作伴！」事實上，想為自己找尋支持系統，首要條件，就是自己也要主動付出。

我雖然很忙，但我是一個很雞婆的人。看到有老師在教踢足球，立刻「報好康」號召大家一起去；聽到哪邊有演講，也會順道轉信問大家有沒有興趣一起去聽？有好看的展覽、免費的書籍，都不忘傳閱一番。當然，外出出去玩的時候，我絕對不吝於當個好司機，不但挨家挨戶去載，還會體貼護送回家。

朋友是「互相」的，感情也需要平日多加「灌溉」。

妹妹經常幫我的忙，因此我平常請吃飯、「金援」旅遊住宿，絕不小氣；我的舅舅、阿姨在國外有事要我幫忙，一通電話，只要在我的能力範圍之內，絕對「辦到好」。大姑、小姑碰到問題，我這個嫂嫂也義不容辭；同樣的，爸爸和繼母、公公和婆婆有任何疑

難雜症，我也責無旁貸。凡此種種，都是平日的「存款」。存款豐厚，當妳需要「提款」時，別人才會樂意幫忙。

留心人我分際、錯開使用頻率

所以，我的孩子除了有外公、阿嬤之外，他們跟姑姑、阿姨、舅舅、舅公、舅婆、姨婆、外公、外婆都時常見面，一點兒也不陌生。萬一有事，他們都是我的「臨時保母」。有一次，我寫稿到天亮，退休的舅舅、舅媽剛好打電話來，想和我聚聚吃飯，於是飯後我乾脆建議喜歡小孩的他們，把兩個小傢伙帶出去玩，我樂得在家睡覺補眠！

不過，在善用周邊的人脈當作支援系統時，**一定要注意一件事，那就是記得「事前詢問、事後感謝、隨時隨地尊重他人，並經常保持聯繫」。親密易生侮慢，很多媽媽們最後翻臉，主要都是因為「失去界線」**。

比方說，不論住得再近，要去拜訪別人之前，一定要先打電話，詢問別人是否方便。有些鄰居媽媽因為住得很近，沒事就喜歡按鈴、串門子，絲毫不顧別人的作息、計畫，嚴重干擾別人而不自知；又比方說，不論雙方再熟，要請別人幫忙照顧小孩，也一定要告知對方準確的接送時間，以免造成別人的不便與不快。

此外，盡量分散利用妳的支援系統，不要經常麻煩同一個人，以免別人困擾又不好意思說；而且，麻煩別人之後，要藉適當時機表示一點心意及禮貌。比方說，出國回來帶點伴手禮；接小孩時順道買點點心、餐點請大家享用，這些都是表示妳體貼的地方。還有，就是要與大家經常保持聯絡，維持好關係，才不會「臨到用時方恨少」，需要朋友時，才發現妳身邊根本沒有常聯絡的朋友可幫忙！

總而言之，支援系統的建立，有賴自己的主動、付出與積極。當妳成為別人最好的支援時，妳也將獲得最多的支持！

如何為孩子選學校？
——從孩子特質及現實條件決定

讀者來信，問我如何為孩子選學校？

剛好前幾天，朋友說個「笑話」給我聽。她說：「有個朋友捨近求遠放棄隔壁的學校不讀，刻意給孩子遷戶籍、讀一所離家較遠的學校。妳知道是為什麼嗎？」

「為什麼？」

「只因為她不喜歡那個學校的制服！」

我的朋友杏眼圓睜，一副不可思議的表情，等著我給她一個誇張的回覆。不料，我很認真地思索了一下，回答：「嗯，如果那所學校的制服真的很醜，我也可能做這種事喔！」

我朋友尖叫著說：「妳夠了喔！」

我笑著說：「欸！小孩每天要穿、我每天要看，一穿、一看可是六年的時光耶！這可不是開玩笑的！」

朋友用力地瞪了我一眼。

根據現實狀況與孩子的特質來篩選

老實說，對於孩子上學這件事，我並沒有費太多的心思，也並沒有花很大的力氣去做選擇。

第一，我希望孩子可以睡得飽、吃得悠閒，不要浪費時間在交通上，所以我希望學校就在家附近，車程愈近愈好（我家住在山上，附近沒有走路可以到的學校，一定得接送）。

第二，我並不打算負擔一學期動輒十幾萬元的學費，也覺得沒有那個必要，再加上我家附近並沒有私立小學，私立學校也就排除在外。

第三，我估量我的女兒並不屬於需要特別照顧的那一類。我的意思是指，她並沒有令人吃驚的特殊才藝、特殊天分，也沒有需要額外照顧的特殊性格、特殊需求。她喜歡朋友、喜歡上學，是個再平常不過的孩子。我相信她有能力適應媽媽小時候能夠適應的一般幼稚園、小學。

最後，由於我本身很忙碌，並沒有能力與時間全權負起教育她的責任與進度，因此，我也無法考慮「在家教育」這一塊（雖然我一直覺得「自學」應該是個很棒的選擇）。

因此，我所做的，就是在我家附近為她選擇一所距離較近的公立小學，在我能夠輕鬆負擔學費、容易接送的狀況下，讓她方便就近就讀。

前幾年選幼稚園時，我看了我家附近兩、三所公立幼稚園。國小附設的公立幼稚園好處是空間寬闊、有很大的國小操場可以使用，活動空間大、安全度也高。另外，公幼一定要按照國家規定的師生比例招收孩子，三十個小朋友配兩個老師，師生比是十五比一。

貴的不一定好

大家可能不知道的是，一般很多「ＸＸ雙語學校」，招牌上沒有寫明「幼稚園」、「托兒所」的「學校」，登記在案的其實都是「補習班」。「補習班」與「幼稚園」的空間法規差別相當大，除了每人分得的空間比例低了許多，師生比的比例也比較高。另外，補習班的樓層可以高，幼稚園不行，還有消防安全設施跟老師的學歷要求都不一樣。

所以，市面上貴貴的私立幼稚園，不見得比公立國小附設的幼稚園條件好；師資也良莠不齊，反而不如規範中的公幼來得安全。只是公立幼稚園只收中班以上的孩子，而且下課時間較早，不能像私立幼稚園一樣配合家長的時間，因此很多雙薪家庭的孩子無法就讀。

多方蒐集情報，親臨現場觀察

我家附近有三所國小附設幼稚園。我先考慮的，是老師對學生的態度。因此，我抽空在週間偷偷混進去，在教室外稍微觀察了一下老師上課的情形（我甚至藉口看房子，從隔壁房子的窗口偷看小朋友的上課狀況）。另外，我也上了學校的網站，看一下學校最近的動態、消息，以及學期目標。

最後，我實地參觀了三所公幼，看看學校的環境、廁所及設備。最後我選擇了其中一所新的國小附幼。這所幼稚園的園長理念很新，她活用「角落教學」、「班群教學」及「主題式教學」的做法，在傳統的幼稚教育中比較少見。我在參與了招生說明會之後，對園長的理念及做法很認同，於是就讓孩子入學了。

女兒念了一年，愉快得不得了，於是兩年後，老二也追隨姊姊念同一所幼稚園。

本來，我打算讓女兒直升這所附設幼稚園學校的國小部，因此遷了戶籍。不過，這所新小學因為太熱門了，所以後來我並沒有擠進去。看到學校人滿為患，我想想沒進去也沒關係，因此就到鄰近的其餘兩間小學去看了一看。

第一間學校的老師年齡比較大，我看到有老師還在揮動棍子教學，心有餘悸，於是在志願表上填了另一所，就是現在念的內湖區「大湖國小」。

大湖國小位於山邊，空氣很好，環境也不錯，雖然校舍比較老舊一點，但是離我家很近，而且，因為被新學校搶走不少學生的關係，每一班人數降低到只有十幾人，師生比接近幼稚園，感覺倒很像一所森林小學。更巧的是，女兒分到的班級，導師竟然是我的鄰居！

「選」學校不如「跑」學校：教養的責任還是在家長

就這樣，女兒順利念完第一年小學，我也跟學校建立緊密的關係。我擔任愛心媽媽、家長委員，每天忙著跑學校。

比起花時間「選」學校，其實我更花時間在「跑」學校。對我來說，選學校並不「絕對重要」的原因是，我一直認為，學校只是孩子教育中的「一環」。剩餘的絕大部分，還是「我」的責任。因此，我並不期待孩子一旦去了學校，回來就知書達禮、無所不知。我也並不期待，學校把我的孩子變得彬彬有禮、成熟懂事。我更不認為，學校有辦法教會他們所有的知識，把他們從小傻蛋變成大天才。

因此，女兒讀大班、低年級時，在學校大多都只有半天課。下課後，她沒有去安親班，我仍然將她視為「我」的責任，帶著她東奔西跑，安排她運動、上自然課、學她最愛的音樂。

對我來說，學校教育就是「學校」教育，是個提供固定課程、讓她吸收基本知識的地方。她可以在學校學到如何跟同學相處，如何面對不同的老師、不同的大人，以及學習和同學互相幫助、互相適應，還有，就是離開媽媽獨立處理自己的事情。

升上中年級後，學校的全天課時間增加了，我也就將她課後的活動減少，讓她下課後能有多一點的時間自由閱讀。因此，除了一週固定兩次的運動及一小時音樂課，她擁有更多的空檔。

因為下了課、回家，她還是我的孩子。

如同學校輔導室的心理老師所說：「與其畏懼孩子將來所處的環境、所交往的朋友，不如讓我們先塑造他的價值觀，建立孩子辨別是非的能力。」

因此，我的看法是：選學校，的確很重要。但不要把所有的責任都丟給學校，對孩子來說，才更為重要。

和孩子一起走入校園

——「選」學校不如「跑」學校

為女出征的夜貓子媽媽

從女兒入學開始，我就十分積極參與學校事務：從家長委員、愛心媽媽到輔導室志工，只要能勉強撥出時間，我都盡量參與。

雖然對我這個夜貓子來說，「早起」是一件相當痛苦的事：寫稿到凌晨三、四點鐘才上床，早晨六點五〇分鬧鐘響起的時候，腦海中通常都只有三個字：「好想死」！但是，我還是強迫自己爬起來，跟著孩子一起到學校去，不論是給孩子們講故事、在老師開會時輪值照看孩子也好；參與講習、列席校務會議旁聽也罷；總而言之，學校的所有活動我盡可能都不缺席，為的就是多了解學校、多了解孩子。

常去學校好處多：要當進入狀況的家長

這樣的辛苦，是有代價的。藉由跟校長、老師、孩子們的接觸，我才能客觀地了解孩子在校的表現、在同學眼中的評價跟在家裡有多大的不同；也更能體會現行教育制度的困難、問題，以及學校夾在現實需求與僵化制度之間的無奈。甚至，我也看到學校為求績效表現時的荒謬、求取改善空間時的努力，以及家長與孩子們之間的矛盾。

比方說，如果我不去學校開會，我大概根本不會知道，原來我覺得很無聊、要幫孩子記錄讀課外讀物的書名及數量，原因是因為學校努力推動「書香閱讀」，是必須要呈報「量化」紀錄，方便教育局績效考察之用的。

如果我不常去學校，我大概也不會知道，原來女兒的老師最近媽媽生病，所以公私兩頭忙，非常辛苦，需要家長的關懷與體諒。還有班上有幾個小可愛、幾個調皮鬼，需要老師的特別關注。如果我不常去學校，我也不會知道女兒心儀的那個男生是誰？愛慕她的人又是誰？她受不受同學歡迎？在學校有沒有人際關係的問題？或是一些我不知道的壞習慣、好表現？如果我不是因為去學校碰到別的愛心媽媽，我也不會知道教育局規定一校只能用一個教材版本；若是某老師求好心切，要求學生同時練習其他版本的教材，增加學生的負擔，是會被其他老師告發的。

如果我不去學校，那麼，我也不會知道，原來學校分班是透過電腦挑選的，學生如果跟老師起了衝突，那麼即使是老師的問題，學生也不可以調班，只能夠轉學！（這個各校皆然的規定，讓我覺得目瞪口呆，這樣學生不就跟一個沒有保障的消費者一樣，只能任憑宰割嗎？為什麼不能成立『校內評議會』來處理師生衝突，讓孩子也有選擇老師的權利呢？）

如果我不去學校開會，我也不會知道，很多學校在申報器材預算的時候，是很死板的；還好我們有個靈活的校長，懂得把不需要的東西化為需要的東西，才能為學校爭取到每班一個投影機單槍！

如果我不去學校，我也不會知道，原來評量老師的去留，是一件多麼殘忍的事情；而以年資決定老師是否留任的方式，實在不是學生之福。

如果我不常去學校，我大概也不會知道學校低年級有「硬筆字比賽」、「提倡性別平等」比賽、「圖書館的新書閱覽」這些活動。因為，很多比賽是班級派代表參加的，而大多數的孩子，大概「終其小學生涯」都不會有參加比賽的機會，而且家長壓根兒不會知道。

不到學校，不知道教育僵化，相對引起孩子的扭曲行為

然而，因為常常去學校，聽多、看多，我心中的感觸也愈深刻。比方說，台灣的學校裡，總是有很多十分無聊且僵化的活動：母親節、兒童節、教師節，除了花費經費做一些並沒有太大用途的禮品之外，學校老師也要額外花時間去舉辦這些活動，實在搞不清楚意義在哪裡？我記得有一年的母親節，早上八點就要到幼稚園去，參加孩子們的「母親節大會」。在場的母親們，個個呵欠連連，苦笑對望，實在不清楚這個「母親節」活動的意義在哪裡？

還有一次，在討論家長會提供的積點獎品時，我忍不住提出疑問：「比賽得到名次、獎狀就已經是最好的鼓勵了！為什麼還要另外絞盡腦汁在有限的經費中撥出錢買獎品？」我的意思是：有很多孩子，根本是跟比賽絕緣的。把獎品留給優秀的孩子，是一種錦上添花，沒有多大意義；不如把獎品留給一些需要鼓勵的孩子們。結果校長有點尷尬地回答我：「妳說得也沒錯。不過，給獎品的意義，主要是鼓勵大家參與校際比賽。」

因為早上經常去學校說故事，讓我對小朋友多了一些了解。大部分的孩子，因為我常在學校出現，都跟我挺熟，拉著我「桐桐媽媽」長、「桐桐媽媽」短；每次我去講故事，也都獲得熱烈迴響。只有一、兩個孩子，從來不聽我說故事。每當其他孩子睜大了雙眼，

好奇地看著我帶去的故事書，或是熱列響應我帶的團康遊戲時，那孩子總是一開始便高舉一隻手：「我不想聽故事。」或是說：「我不想玩。」讓我頗覺喪氣。

有一次，老師本來是要讓大家在早自習寫國語練習簿的，但是看到我帶了故事書去，便交代小朋友：「等一下再寫好了，先聽桐桐媽媽說故事！」於是，小朋友們都紛紛睜大了眼睛，享受著我的「賣力演出」，甚至欲罷不能要求我講了一個又一個。只有這個孩子，仍然堅持拿了國語練習簿，埋頭苦幹，對我講的故事充耳不聞。那天，因為我講了一個《叔公的理髮廳》，就順便問了句：「小朋友，你們的夢想是什麼？」大家紛紛舉手表示要當科學家、老師、畫家，終於，這個孩子破天荒也舉了手。當然，我把握難得機會，趕快點她起來回答。她很自信地告訴我：「我的夢想就是全部都考一百分，然後我就可以得到很多、很多獎品！」

後來，我好奇地看了看她的名字。我嚇了一跳！她是班上成績最好的孩子之一！我剎那間立刻了解，對她來說，沒聽過、沒看過的故事都已經失去了吸引力，趕快把作業寫完、考試考滿分，是最重要的事。

如果有機會，我經常鼓勵家長們多參加學校的事務，不管是上班媽媽也好、全職媽媽也罷。一學期只抽出幾個晚上開會、幾個早上當志工，並不見得有多難、多忙，但是，就好像出來當社區委員一樣，想要改變環境，必須先由我們自己付出努力做起。如果我們真的關心下一代的教育，我們便必須走入學校，而不是把小孩丟給學校。

可惜的是，現在雙薪父母居多，很多爸媽把小孩送入學校後，就再也沒去過學校，喪失了了解孩子、了解教育體系、了解老師的機會，也因此家長和學校老師的衝突日益增多，一旦孩子有問題發生，就會產生雙方溝通不良的狀況。尤其是絕大多數忙碌的爸爸，幾乎和孩子的學校完全沒有聯繫，彷彿孩子在學校的生活跟他完全無關一樣，一點也不了解孩子在別人眼中是什麼樣子。

爸媽是學校志工，孩子表現較佳

我家老二上幼稚園後，我的工作日益忙碌，因此開學前幾週，都是我先生代替我去學校講故事。有一次，輪到先生有事，我去學校。結果兒子班上有個小孩了瞪大了眼睛望著我兒子：「奇怪，為什麼你的爸爸、媽媽都那麼有空啊？」當下把一旁的老師都逗笑了！但是我卻聽得好心酸！

兒子班上有三十人，故事媽媽卻只有我一人。其實，有很多父母是不需要早上八點鐘準時上班的，但是卻沒人願意每週花一天早上、早起半小時，到小朋友的班上講半小時故事。**爸爸媽媽願意花大錢栽培孩子上各種才藝課，卻沒有半小時的「空」，聽起來多麼令人傷感啊！**

前一陣子，我看到一個調查數據：在學校當志工或是愛心媽媽的孩子，在校成績及各項表現普遍較佳。我想這是很有意思的一件事：願意花時間在學校服務的家長，當然也是願意花時間在孩子身上的家長。擁有較多的關注，孩子表現較佳，這當然是可以理解的。

所以，與其為了讓孩子上哪一所學校而傷腦筋，不如一同走進孩子的學校吧！讓你我一起努力，改善下一代的教育環境。畢竟，孩子將來不會一個人生活在這個社會上，所以除了關心自己的孩子，也不要吝嗇關心別人的孩子！養出一個身心靈健康的孩子，政府、學校、家長，哪一邊都不可少，你的付出，一定有對等回報的！

如何指導孩子寫小日記
——發想題目、分段寫作大補帖

女兒從二年級下學期開始，學校老師就要求學生每天利用聯絡簿的空白欄寫一篇短短的小日記。剛開始是老師命題：從「下課十分鐘」、「營養午餐」到「護眼操」……等學校生活的小事，後來開放自由命題，隨便小朋友愛寫什麼就寫什麼。我女兒很喜歡這個作業，天天寫得不亦樂乎，老師也會簡單批改，給點讚賞或改改錯字什麼的。

作文的字數魔咒，壞了寫作胃口：文章難成篇，還得顧字數！

升上三年級之後，老師單獨發了一本作業本，規定每週三要寫一頁一五〇字的「小日記」；每週末，另有一篇兩頁長度的「大日記」。其實，這樣的字數規定對於從一年級開始就跟著我練習寫作的女兒來說，早已不是問題——她隨便什麼題目都可以洋洋灑灑寫個四、五百字。但是，因為對老師的服從，即便我一直強調：「妳寫的日記早就超過一五〇字了啦！而且，字數根本不是作文的重點！」但女兒還是在第一天回家寫小日記時，堅持一邊寫、一邊嘴裡嘰哩咕嚕地數數，弄得我哭笑不得！

我可以體諒學校老師在國語課時間不足、或是不知該如何引導孩子作文的狀態下，往往會以「規定字數」這樣最簡單的方式，希望孩子多寫出一些內容。可是，往往這個「規定字數」產生的結果，卻是讓孩子的作文流於「流水帳」，或是不停重複同一句話，並且讓孩子討厭日記、作文，並不能達到老師期望的效果。

於是在「學校日」那天，我提出了這個問題，希望老師在課堂上重申「字數不重要」，而且自告奮勇地提議我可以利用週間某一天的晨光時間，當愛心媽媽來引導班上小朋友寫「小日記」。我的提議立刻受到採納，並且有幾位家長表示，小朋友非常害怕「小日記」這項功課，每天都苦思良久，不知道該從何下筆？

我自己在指導孩子作文課時，也常常遇到媽媽帶著孩子來找我：「我快被我女兒的小日記煩死了！每天都不知道要寫什麼？」要不然就是上課的時候，新來的小朋友老愛問我：「老師，要寫幾個字？」

才開始學寫，怎會規定一大堆？暢所欲言辦不到！

其實，喜愛閱讀、寫作的人都知道，「字數」絕對不是一篇文章好壞的重點！「字數」，也絕不代表文章內容的豐富度。所以，除非是參加徵文比賽，或是有寫作長度限制的考試，作文、日記，其實是不應該規定字數的。

而我們的孩子在長期「規定字數」的狀況下，寫出來的作文往往都慘不忍睹。不是一句話翻來覆去地重複，就是通篇抓不到重點，還會不由自主的寫很多「囉唆文」，例如：「全家陪我去牙科看牙」可以寫成「爸爸、媽媽、弟弟、妹妹一起和我去牙科醫院給牙科醫生看我的牙齒。」……反正只要把紙填滿就行了！因此，經過指導後的小朋友，雖然作文進步了，還是常常有媽媽問我：「為什麼我的孩子來上作文課，作文反而變『短』了？」這時，我總是得耐心解釋：「孩子要學習把精采的內容寫出來，寫幾個字並不是重點！」

看到很多孩子把寫「小日記」當成一件苦差事，我心裡十分惋惜，這本來是學校老師為了提升孩子的寫作能力所想出的好辦法，立意良好，卻因為執行方式不恰當，造成反效果，實在很冤枉。

指導「小日記」寫作的四大絕招

因此，在這裡我想跟大家分享幾個指導孩子寫「小日記」的方式，爸爸、媽媽們或許可以在家裡試著幫孩子解決「小日記」的苦惱：

一、在日常生活中找題目

在老師沒有規定「小日記」的題目，孩子得自己決定、卻又完全沒有想法的時候，我建議媽媽不妨替孩子訂題目。依我的經驗，低年級的孩子，還不太懂得「題目」的意義，所以讓孩子漫無邊際地自己想，通常很困難。此時不要一味地逼他，不妨在日常生活中替他找一些他容易發揮的題目，讓他趕緊開始寫作。

比如說：「早自習時間」、「營養午餐」、「下課十分鐘」、「ＸＸ課」、「吃晚飯的時候」、「洗澡」、「我最喜歡的電視節目」、「我的媽媽（老師、同學、弟妹……）」、「安親班的一天」……等等。中年級以上的孩子，寫作經驗較為豐富之後，自己訂題目就比較沒有困難了。

二、訂定「中心思想」

題目訂好了之後，不妨跟孩子討論一下，這個題目最重要的事是要寫出什麼？比方「音樂課」這個題目，中心思想是「喜歡音樂課」？還是「討厭音樂課」？「音樂課很無聊」還是「音樂課很有趣」？

這裡要注意的是，不要「否定」孩子的感覺。如果他覺得「音樂課很無聊」，那就請他想一想，音樂課有哪些無聊的地方？為什麼無聊？可不可以回想一堂最無聊的音樂課內容到底有多麼無聊？然後請孩子一一列下，好當作等一會兒要寫的素材。

三、訂定大綱

很多老師、家長都誤以為，作文題目講完、討論完之後，孩子就應當振筆疾書，思慮無礙才對。事實上，這是很大的誤會！初接觸寫作的孩子，對於媽媽或老師剛才一番的「內容討論」，雖然說得頭頭是道，但一低頭面對紙筆，到底要怎麼寫？通常還是「霧颯颯」。因此，教導孩子「訂定大綱」，是很必要的。

通常，我都會指導剛開始寫作的孩子，將作文分成三段或四段。

第一段：開頭。簡單介紹人、事、時、地、物，比如說「看病記」，第一段就要先寫出什麼時間、你出現了什麼症狀？誰帶你去看病？去哪裡看？「新學期的開始」，可以先介紹你今年升上了幾年級？同學、老師、教室、課程有沒有新的改變？（當然，寫作技巧比較熟練之後，我們也可以利用「聲音」、「表情」、「動作」開頭，這是後話。）

第二、三段：主要內容。

請小朋友想一想，有哪些內容可以書寫？比方說「下課十分鐘」，就可以分成：

1.下課十分鐘裡你看到什麼？聽到些什麼？（五官體驗）

2.你通常都跟同學說些什麼？做些什麼？（對話、描述）

3.記錄一件下課時發生的趣事？（舉例）

第四段：結尾。對這件事情你有什麼想法？心情如何？有沒有什麼後續的願望？

四、提示句子

對於寫作經驗不豐富、寫日記還很陌生的低年級孩子，光是「訂定大綱」有時候還不夠，可能還需要媽媽引導他發表看法，然後再一句一句記錄下來。通常，對於這類孩子，我會先問他剛剛大綱問的問題，等他回答之後，我再請他直接把剛剛講的話寫下來即可。

剛開始要慢慢來，討論一句、寫一句都是必須的。但是兩三次以後，孩子其實就可以懂得把想到的句子寫下來。這些練習都要靠累積，不是一蹴而即的，大部分媽媽要求都太高，或是太急切。其實數學要練習計算，文字也要練習撰寫，這些都是一樣的過程，但很多老師、媽媽並沒有給孩子練習的機會，就說他作文不好，這是不公平的！

這四個方法是比較簡單執行的引導寫作方式。在我指導孩子的過程中，十分有效。當然，如果在每天的生活體驗中，家長或老師有時間可以讓孩子細細體會，尋找一些有趣的事情，鼓勵他多多發表感想和意見，我想，寫日記就更不會是一件苦差事了！

我的經驗是如果是一週一篇，大約十二篇基礎練習過後，可以開始寫出較完整的作文。換段分段的技巧大約要再十二週。所以，一週一篇練習，大約半年後，就可以看到孩子有明顯的進步囉！

最後要提醒家長一點的就是，千萬不要在每次外出遊玩時，不斷地耳提面命：「要記得喔！你今天看到、聽到什麼，回家要要寫日記喔！」讓孩子壓力過大，對「寫日記」這件事產生反感、厭惡日記，反而得到反效果。

就讓孩子好好體會生活，開開心心地玩耍吧！寫作是長期的累積，不可能一蹴而及，想辦法讓它成為一件快樂的事，才會有好的成績！

希望孩子將來賺多少錢？

—— 未來是專家的天下

原來我們都是中低收入戶?!

二〇〇九年，台灣有個熱門新聞，大致是說，目前台北市月收入五萬元以下的民眾，已淪落至「中低收入」了。

聽到這消息我大吃一驚！更吃驚的是，妹妹補充說明，這個數字是以「個人」為單位計算，也就是以「總收入」除以「人口數」。如果是以「家庭」計算的話，年收入低於一四〇萬（雙薪家庭兩人月薪平均各六萬元）的，在台北市都屬於「後一半」的中低收入家庭。

天啊！我從來沒想過，包括我在內，我身邊許許多多的朋友，在電視台、製作單位、銀行、貿易公司、幼稚園、國小工作者、報社記者，甚至電腦工程師（如果沒有股票可領的話）……都「已經」或「即將」淪為「中低收入」戶了！

這個數字的確令人震驚。不過，先不管數字，單是以實際上的家庭支出，如果你要在台北市住一間三十坪的房子、薪水足夠負擔兩個孩子的學費與保母費、才藝費，再加上水、電、瓦斯、管理費的基本開銷，再養上一輛國產車，每個月至少加五千塊錢的汽油；另外每個月帶孩子出遊一次、住個民宿、看場電影、吃頓大餐，每一年出國旅行一趟，閒暇時逛逛百貨公司，那麼一個月沒有十二萬元以上的收入，的確是辦不到！問題是，現在有哪些行業的薪水，一個月有十二萬元以上的收入呢？

我腦袋轉了很久。在我認識的人中，除了可以領股票的電子新貴、機師、律師、醫師、會計師、名補習班老師、二線以上的藝人、大牌魔術師、報社主任級以上的職員，以及業績呱呱叫的房仲、股市、保險業務人員外，只有替我家裝潢的油漆工、木工，還有以前替我先生找停車位的那個歐吉桑、替我家車子修車的老闆，還有替大明星化妝的化妝師才能月入二十萬。我實在想不出有哪個單位的鐵飯碗，能給一個月十萬元以上的薪水。在我的印象中，現在連教授、空姐好像也沒這麼高薪了吧?!

時代變了：未來是專家的時代

於是，當我看到昨天有一位網友，在我上一篇「如何為孩子選擇學校」裡，留話表示等孩子念國中時，要為孩子選一所「有讀書風氣」的學校，我忽然心裡又一驚。

我突然想到，讓孩子念了大學、碩士，將來一路順風地讀上去……接下來呢？變成一個「中低收入戶」嗎？

這實在是一個令人不知所措的問題。

在我爸那個年代，從大陸播遷來台的外省小孩，十有九個家裡都窮，所以，十有九個都很會念書。因為他們知道，念書雖然不見得有機會，但不念書鐵定是沒有機會。因此，我爸當年雖然窮到沒有鉛筆寫作業，每天在學校向同學借鉛筆，趕在放學回家前把功課寫完，但仍然一路以最優異的成績考上公費留學、完成博士學業。念到博士，走專業路線，雖然不富不貴，倒也不餓不愁。

我那個年代，雖然念書的人不一定可以賺大錢，不過書念得好，倒也一定有飯吃。因此，我有兩個堂姊是老師，捧著公家飯碗，再怎麼樣也餓不死，薪水也還算不錯。

十年風水輪流轉，現在可不一樣了。

少子化生得少，考上師範也不見得有老師可以當；學校不斷升級的結果，念到博士也不見得可以當教授。即使是考上超難考的公務人員考試，很可能還是一個「中低收入戶」。書讀得好，現在可不一定有飯吃。

職場變得愈來愈險惡，競爭變得愈來愈激烈。

我看著報導，忍不住想：我女兒將來如果書讀得不怎樣，我還要勸她念書嗎？

正巧，我遇到一個剛考完基測的孩子，我問她：「妳要念五專還是普通高中？」她也茫茫然問我：「阿姨，妳說呢？」她說自己不是很愛讀書，不過媽媽希望她考大學。我不敢回答她。因為我身邊有許許多多大學念傳播系、念文學院、念理學院、念經濟系，但是現在找不到工作或失業已久的朋友。

有一次，女兒自然體驗營的幾個家長們私下聚會聊天。涂淑芳老師說：**「未來是一個專業走向的社會。」將來的高收入者，不一定是「高學歷」者，而是「有專業技能」者。**比如說最棒的美容設計師、房屋設計師、最頂尖的木匠、油漆工，最受歡迎的模特兒、修理飛機的機師、汽車黑手、調酒師、鋼琴調音師、運動教練、病理研究員……等。

北歐地區現在已經有這個趨勢，收入很高的，可能是鐘錶師、木匠，或花匠、優秀的裁縫師。外出大家比的是技藝、專業。學歷，並不重要。

越早確立專業方向，越有機會成功

當然，「念書」基本上不該只是為了學歷。我一直認為在學校念書與將來的就業並不一定是「正」相關。問題是，如果一路念上去，除非念到博士，否則很多科目都是「通識」，那麼，就業的時候該怎麼辦呢？

我自己是「中文系」畢業的。「中文系」這種科目在大學裡其實跟通識科目也差不多，只念到大學畢業，完全沒有所謂的「專業」可言。我之所以還可以混口飯吃，主要是因為我自己練就所謂的「文字」專業，因此可以用以謀生。

不過，我身邊很多的朋友在面臨行業不景氣時，要換環境就非常困難了。沒有一技之長、沒有靈活的頭腦，是最大的問題。

有一次，我跟健身女王張淳淳與一位大陸台商吃飯。聽淳淳介紹，我們是要去見一個資產上億的老闆，我心中一直以為是一個大腹便便、童山濯濯的中年人。沒想到，一見面，我嚇了一跳，對方比我還小個五、六歲！年紀非常輕！

聊了一會兒，知道他這麼年輕就做了世界知名廠牌的代理商，我不禁好奇他是哪裡畢業的？他起先吞吞吐吐不說，在我指著他手臂上的疤痕開玩笑說：「我知道，你一定是混出來的！」他才笑著點頭：「其實，我只有國小畢業。」

在聽他簡述創業過程之後，我真的非常佩服。他因為沒念什麼書，很年輕就進入社會，一路從小業務跑到大老闆。最重要的是，他有野心、有手腕、有計畫，他沒有家累、沒有包袱，說幹就幹。他曾經因為創業失敗而揹負幾百萬債務，但敢衝敢撞的結果，不但重新站起來，而且很快賺回江山。

創立「法蘭瓷」的陳總經理，也是年輕時就從「禮品」業務起家，他後來變成台灣獨大的進口禮品公司代理商，再一路開創自己的品牌「法蘭瓷」。因為年輕時的禮品業務經驗，讓他熟悉禮品通路，因此得以在經營「法蘭瓷」後，成長如此迅速。

你發現了嗎？**這些人都有一個共通點，那就是「年輕」。他們都沒有碩士、博士學歷，但是，他們都很年輕就開始闖蕩、創業，因為年輕，不怕失敗，因為年輕，沒有負擔。**當然，我們的社會上還是有很多中年創業者，比方說「故事屋」的創始人。但是，不可否認，年輕、膽識，真的是事業成功很重要的墊腳石。

多走冤枉路的資優生：一技之長比學歷更重要

當然，我並不是說，事業成功、賺大錢就是人生追求的目標；我也不認為，一個人賺得少就會不快樂。只是我一直在想，讓孩子喜歡讀書，並不是要求他要考上很好的學校，或是擁有顯赫的學歷，而應該「只」是累積他找知識的習慣、對自身的反省，與深思生命的意義。

至於學歷，其實大可以擺在一邊。如果，將來我的孩子可以做一個很棒的化妝師，我會很高興她擁有一技之長，能養活她自己，我想我並不一定會要她考大學，甚至念高中。但是，我希望我的孩子能夠及早知道她的優點、擅長的才能，而且有意志力、專注地計畫自己的人生。

我之前在電視上說過我一個同學的親身經歷。

我國三的時候，我們班上有位資優的女生，她的數理非常好，不論怎麼考，她幾乎都是滿分。想當然耳，每次模擬考她都名列前茅，後來直接保送北一女中，我有點不太記得她後來是自動放棄保送資格還是怎麼的，反正最後她還是以前幾名的分數考進去，一路念到台大醫科。成績這麼好的學生，理所當然選第一志願，從沒有人懷疑過，甚至於她自己。我們當時都十分羨慕她。我一直認為自己挺聰明，但對於她，我真是甘拜下風、又嫉又羨，為什麼世界上有這麼聰明的人？她總是輕輕鬆鬆就拿滿分！而我，經常是念個半死還考得爛不拉嘰的！

大二那年，我修了一門「兒童文學」的課程，意外地在教室裡遇見她。因為我大學重考一年，當時她已經大三了。很久沒見，我們坐在一起聊了一下。上課後不久，我發現她正在讀高中理化參考書。我覺得很奇怪：「幹嘛？準備家教學生的課啊？」她搖頭：「不是，是我自己要讀的。」

我追問：「為什麼？」她神色黯然地說：「我要重考大學。」

我嚇了一大跳：「不會吧！妳已經大三了耶！而且第一志願，幹嘛重考？」

她說：「我不想當醫生，我喜歡美術。」

原來，到了大二要上大體解剖，她才發現自己根本不喜歡當醫生，她怕血，她壓根不想念醫學院。然而，當年功課太好，父母的期望逼著她不得不填上第一志願。她告訴我她發現自己喜歡畫畫，她想念建築或設計系。

我望著她，心裡百感交集。從前，我如此羨慕她，但她卻是這麼的不快樂。而我，雖然功課不怎麼樣，大學也多考了一年，但我卻如此幸運，一直都很清楚自己喜歡什麼、擅長什麼！

知道自己的長處、喜歡自己並追求自己所喜歡的，這是一件多麼重要且令人快樂的事！

唯有「學歷高」的想法，早已默默在打破。近來我深深的感悟，一個在社會上有競爭力的人，他必須擁有熱情、有計畫、要有靈活的頭腦，以及過人的膽識。

如果，我的孩子將來不讀書，我並不擔心。與其培養一個升學一帆風順，但腦筋如一灘死水的孩子，還不如一個國小畢業但不畏困難、衝勁十足的孩子。我希望，我的孩子在成長的歷程中，可以早日發現她喜歡什麼、適合什麼，而不是分數到哪裡，就跟著念到哪裡。

屆時，她才有足夠的時間，可以承擔失敗、一再重來，進而找到一條不但足以養家活口，也能夠成就自己的道路。

補「優」？補「缺」？

——孩子的未來建立在他的優勢上

有一次，剛好遇到兩個學生媽媽，聊天的時候都談到相同的問題，那就是：孩子選擇課外才藝或補習的時候，究竟該「補」優點，還是「補」缺點？

每個人擅長的領域不同

聊天的過程是這樣的。我提到，每個孩子天生的資質和氣質有很大差異，有些孩子對語言文字比較敏感，有些孩子的數理邏輯能力較強。以我的兩個孩子來說，我在孩子三、四歲時，就可以明顯感覺他們所長不同。

以老大來說，她直到四歲，「點數」（用手指一、數一，指二、數二……）尚有明顯的困難，數字概念較差，十以內的加減法要到滿七歲才開竅；對於空間概念、方向和邏輯推理能力不強，因此她不喜歡牌戲、拼圖、積木之類的遊戲。但是，她記憶力和音感十分好，三歲半時可以背不少唐詩、唱三、四十首童謠，熟悉一點的繪本甚至可以整本一字不差、倒背如流。她喜歡樂器、有韻律感的東西，雖然識譜能力不佳（因為弄不清音符的位置），但可以光靠聽ＣＤ，背誦、拉奏超過長達四頁以上的琴譜。甚至一個陌生的樂器，摸一摸她也能無師自通。

老二剛好相反，他喜歡的東西都是姊姊不喜歡的。他喜歡玩拼圖、積木、下棋，五歲不到，已經可以下圍棋、象棋、西洋棋。一個人玩七巧板，可以玩幾個小時也不厭煩。但是，他音感不佳，近六歲了，尚無法唱出一首完整的歌謠——因為不耐煩背誦，所以唱的歌都是自己編的歌詞居多。

我家老大欠缺邏輯統整、分析理解能力這一點，不只我這個老媽十分了解，陪她讀英文的阿公、她的歷任各科老師，都深有所感。有一次，我跟我爸聊天，老爸意有所指地對我說：「其實，數理不好也沒關係，將來只要會算帳、收錢就好，以後念藝術學院也很不錯啊！」我微笑著同意。的確，女兒感受力強，她喜歡作文、音樂、畫畫，因此，雖然她從小學一年級開始，數學就經常徘徊在六、七十分左右，我卻並不強求。

跟我聊天的媽媽每每聽到這兒，通常都會開始跟我推薦一些數學補習班、「玩數學」、「數學遊戲」等課程，力勸我：「難道妳這樣就放棄了嗎？其實她還小，數學還是有救的啊！」

條條大路通羅馬：不是放棄，而是了解、肯定

我總是要耐心地解釋，我並非「放棄」，但也並不打算給她補習數學。原因是因為我了解我的女兒，我能夠補救的，就是回家陪她完成數學作業，讓她懂得學校數學課堂的內容，追得上進度即可。孩子是敏感的，我曾買「人本」基金會出版的《數學想想》陪她一起閱讀，但她興趣不大；她寧可我讀《魯賓遜漂流記》、《小婦人》。

於是，我不願再加強她數學挫敗的印象，去「補」她原本就不擅長、也並不特別有興趣的部分：浪費她的時間、我的金錢。

但是，**我卻願意「補」她的優點：給她機會畫畫、拉小提琴，甚至咬牙同意她的要求——加入學校管樂隊，再加學一樣管樂。**原因無他，我知道數理不佳的女兒，將來萬一不能

靠學歷闖蕩社會時，我希望她有更多的一技之長，以便有更寬廣的天空。換句話說，我並不介意她的「缺點」，也無意「補」她的「缺點」，我絕不介意她將來能不能讀「三角」、「幾何」或「微積分」。

我認為：人只要有一項優點就夠用了！

別繞圈圈多走冤枉路，學習要有動機才行

以我自己而言，我的藝文傾向自小就很明顯。我小時候就喜歡看小說，小學四年級就拿過學校作文比賽的獎項。高中屢次代表班級出賽，大學也拿過文學獎項。寫作，一直是我的最愛，也是我的強項。高中雖然在爸爸的要求下，念了理組——他希望我念資訊科技，將來找工作、賺錢比較容易——但繞了一圈，我仍然走回我自小擅長的部分：文字工作。

國中開始，因為數學成績不佳，我也補過多年的數學，不過老實說，我並不是不夠聰明念不好，而是不感興趣。每次補習時不是睡覺就是心不在焉。直到重考大學的那年，因為喜歡補習班的老師，想贏得他的注意，才拚命努力地算數學，一年的功夫，聯考數學進步了四十分之多。所以，我認為學習必須要有動機，否則再「補」也是白費。

教孩子寫作文，經常明顯感受到一點：有些孩子天生感受力比較強、語言文字能力比較好，但有些孩子就不是這樣。最有趣的是，當我側面打聽文字能力表現不佳的孩子其他科目的表現時，有時候會很驚訝地發現：他雖然作文一團糟，學校功課卻不錯！

通常這時候，我就會告訴媽媽，我們上作文課的主要目的，並不是要培養孩子變成作家或大文豪，只要孩子能進步到具有基本的溝通能力──表情達意、發揮自己即可。畢竟，每個孩子所長不同，作文書寫雖是基本必備的能力之一，但也有天生強弱的差別。

補優不補缺

因此，當我教導我的孩子時，我自然採取了和爸爸當年很不一樣的做法（老爸現在也和我同一陣線了！）：補「優」不補「缺」。我希望順其自然，順向發展，讓她擇其所愛。當然，每次談到這個話題，還是有很多媽媽持反對意見，覺得應該要補強孩子的弱點，否則將來升學會吃虧，所以要打好「基礎」。

不論如何，補「優」或補「缺」，我還是要提醒媽媽，多聽聽孩子的心聲：補習，最怕壞了胃口。若是補習反而讓孩子討厭這個科目，不如不補。就像我許多學生寫作文時，都寫「最討厭上數學、英文課」。天曉得一個討厭上英文課、數學課的孩子，英文、數學怎會好得起來呢？

給孩子留一點白

——教養中的自由

孩子連玩都沒時間了，又怎麼有空閱讀呢？

離開記者前線後，我開始在一些社區裡教國小學童寫作。下課之後，常會有媽媽問我：「怎樣才能增進孩子的寫作能力？」

通常我都會回答：「寫作就跟下廚一樣，要經由不斷的模仿與練習而來。因此，除了不斷的練習、學習老師教授的寫作技巧之外，還要靠『閱讀』來累積佳句、詞彙與思考能力。」

於是，媽媽們又會繼續問我：「請老師推薦一些書單？」

我就會把我認為適合孩子讀的作品告訴媽媽們，並且強調：「孩子不能夠只看繪本、漫畫，需要看一些長篇小說、散文、經典文學作品、詩……學習描寫與思索的能力。」

可是，問題來了。很多媽媽苦著一張臉問我：「老師，妳推薦的書，很多都很厚，孩子怎麼有時間看呢？」比方說，我之前推薦過「親子天下」的「長襪皮皮」系列，厚度大約兩公分左右，滿適合低年級的小朋友閱讀。二年級的女兒大約要花上個一、兩天（每天看一小時左右）的時間看。如果是長一點的像是少年版《西遊記》、《湯姆歷險記》，可能需要更長一點。我從沒想過現在的孩子竟然會有「沒時間看書」這個問題！因為女兒現在二年級，每天只有半天課，就算其中兩天下午安排了些才藝課，剩下的時間還是很多、很多。因此她很自由，隨時隨地都可以抱著一本課外讀物，優游在文字的幻想世界之中。但是，現在有很多孩子是「沒有時間看故事書」的！

中、高年級的孩子放學之後從安親班回家大約已經六點，沒上安親班的也多半要補英文。晚上如果有一個才藝課程，回到家就超過九點了，連寫功課的時間都不太夠了，哪來時間看課外書呢？

假日更慘，各種課程從早上到晚：珠心算、數學、讀經、英文、作文、鋼琴、小提琴、跳舞、畫畫、書法……有次某個學生在作文班裡抱怨：「我每天上床都十一點了，根本沒有時間把想看的小說看完！」而這個孩子，已經算是我班上閱讀程度較佳的孩子嘍！

我統計了一下，孩子們的暑假課程通常有「運動類」：游泳、乒乓或球類，另外則是「學科類」：英文、數學、自然科學，此外還有「特別補充科目」類，像鋼琴、美術、作文、圍棋、西洋棋、書法等。這些課程都很好、很有幫助，也很有趣味。但是，當孩子只是淪落到一站接一站、一個教室換一個教室時，事情就不太有趣了。難怪我的學生中，竟有孩子說：「我希望暑假趕快結束，我才可以好好休息。」

孩子們的時間被安排得太滿，不但沒有時間玩，連自由閱讀的時間都很難擁有。

培養孩子閱讀嗜好，父母也得堅持再堅持

前天傍晚，我行經某社區，看到兩個學齡女孩站在社區人行道旁，專心採著路邊小小的炮竹花，在為彼此串項鍊。我不禁駐足了一會兒，兩次回頭，看著這兩個「幸福的小女孩」。我心想：現在能有時間在白天裡任意串花環玩耍的小孩，已經不多見了吧？

回想起來，我小時候也是個「才藝」少女，我學過英文、鋼琴、長笛、畫畫、作文、

舞蹈、游泳，每天放學除了要上英文課，還要練鋼琴一小時、長笛一小時。我也是幾乎沒有看課外書的時間。也難怪，我以前看課外書的時間，都是「上課時間」——把小說放在抽屜裡偷看。

為了不「重蹈覆轍」，也為了讓「閱讀」這件事能夠「名正言順」、不需要偷偷摸摸，因此我格外「力挺」女兒的課外閱讀時間。

放學回來，她大小姐一屁股坐在沙發看故事書。

老媽我開口了：「妳今天要睡個午覺，傍晚要上小提琴。」

「可是我想先看書耶！」

為娘的看看時鐘，一咬牙。「……好。那看半小時。」

晚上要睡覺了，她大小姐又抱了一本書上床。

「媽媽，我可以看一會兒書再睡覺嗎？」

眼看時鐘已經過了十點。為娘的我只好再一咬牙：「……好，看半小時。」

早上出門，咦，書包怎麼這麼重？一看，她把故事書塞在書包裡。

為娘的我硬擠出一副笑臉：「這本書好看嗎？」

「很好看啊！我看了一半，想帶去學校看。」

「……好吧，要記得下課要出去走一走喔！」

我突然發現，在學齡孩子緊湊的生活中，「閱讀」這件事，如果沒有媽媽鼎力支持，它將默默退居學習的最後一位。

於是，我在我的烘焙教室裡放幾本她可以看的書；出門的時候除了我自己習慣帶的書之外，也讓女兒為自己帶一本書。在等車的時候、看診的時候、大人吃喜酒聊天的時候，她便能盡情地看書。

為孩子創造閒暇時間

其實，家長們替孩子安排才藝，本是無可厚非。畢竟雙薪家庭的家長無法一天到晚照管孩子，如果不安排一點活動，對現在身處都市叢林的孩子確實也有另一種危險——不是一直看電視，就是一直玩電腦。

不過，我想不管是任何安排，都別忘了，要給孩子一些「留白」。每一天，記得要留給孩子一些些空白的時間，讓他自己規畫、去做一些他想做的事情——即使是一些在大人眼中很無聊的事情。

這些留白對孩子很重要——讓他的腦筋可以有時間運轉、發想，而不是只能被動地接受安排；接受澆灌、填充的知識。所以，想要孩子有創意、有想法，一定要給他足夠的空白時間，他才有時間去挖掘、開創、組織及嘗試他有興趣的事物。

愛迪生如果不是花了那麼多的時間一一把所有的材料都試驗過，他也沒辦法找到鎢絲，發明電燈泡；牛頓要是連坐在蘋果樹下發呆的時間都沒有，又哪來「地心引力」？更別說貝多芬得去月光下散步、傾聽女孩彈琴，才寫得出〈月光〉了！沒有留白的人生，是可怕的；沒有留白的孩子，則是可憐的。

我幫女兒排的暑假活動一般而言都集中在早上：游泳或溜冰、跟阿公邊吃早餐、讀英文或畫畫。一週有兩個晚上有提琴和作文。但是每天下午，我幾乎都留給她自己，不替她排任何活動，只是無限制任她閱讀、或是自己玩。除了看書，她最喜歡玩的遊戲，就是替她的寶貝兔子打扮：她會用別針做耳環、用舊內褲做洋裝或利用手帕綁成裙子。每次看到她那隻花枝招展的寶貝兔子，我就忍不住好笑；但，那是她一天中最喜歡的時光之一。

與孩子討論時間分配

有次我在跟她聊天時，她說：「媽，我暑假早上好忙喔！」我心中一驚，連忙問：「妳覺得課太多了嗎？」她笑容滿面地說：「不會啊！我喜歡游泳和畫畫，我覺得很充實。而且，我下午時間還很多啊！」我這才放下心來。

如果，你從沒問過孩子對於排滿的課程表滿不滿意；如果，孩子經常對什麼課都一副興趣缺缺的樣子；如果，孩子的每位老師都反應他上課態度不佳；如果，孩子向你抱怨他沒有自己的時間……建議你，跟孩子談一談。你可能忘了給孩子「留一點白」。

沒有留白的畫一定不美，沒有留白的書也一定不好看。我們每一個人的生活，都需要適當的留一點白，給予自己休息與喘息的時間。同樣的，也包括你的孩子。

六大「玩」法
——就怕孩子不會「玩」！

孩子有「玩」的權利，別讓孩子當「宅童」

《親子天下》的編輯帶著孩子來我們的烘焙聚會玩，談起「保障兒童玩的權利」這個主題。那位編輯說，他們在蒐集資料的時候，發現先進國家的教育專家早就發現了這個問題。那就是：當孩子生得少、經濟環境變好之後，有個現象慢慢發生，那就是孩子「玩」的時間愈來愈少了！

孩子需要「玩」。「玩」能培養創意、發展心智、修養品格、紓解身心。因此，「玩」對孩子很重要。但當家長的教育水準愈高、經濟環境日佳，對孩子的干涉與主導性卻愈來愈強，因此孩子玩的時間，都被各種各樣的課程占滿了。

現在，除了「宅男」，「宅童」也不少，很多媽媽問：「上網不也是玩？」但專家指出的「玩」有六大玩法：有玩伴的玩、有創意的玩、有冒險性的玩、自由的玩、單獨的玩、親子共玩……只限於網路，那是不夠的！

比方說，孩子需要適度的冒險、需要自己探索，因此，他需要「冒險性的玩」。在一個完全安全的空間玩耍，對孩子而言，是不夠的。

比方說，孩子需要玩伴，單獨一個人在家玩，沒有同儕互動、沒有玩伴刺激、沒有社交能力的訓練，是不夠的。比方說，孩子需要大人引領一起玩、親子共「玩」，重要性不下於親子共「讀」。比方說，孩子需要自由的玩，不受干涉的玩，每天要有一段的時間，愛怎麼玩就怎麼玩。比方說，孩子需要有創意的玩，不受限於原則、規定、秩序，不按老

師教導的玩法玩。

然而，我們現在的家長，過於在意有沒有「學」到，而不是有沒有「玩」夠！

歐洲的學者早在三十、四十年前就注意到了這個問題，因此提出了「RIGHT TO PLAY」條款，將之放進國際兒童保護組織相關的章程裡，要求孩子要有「玩」的權利！我聽了真的感觸很多！

孩子需要有「玩」的專屬時間

這是真的！現在的孩子真的沒有「玩」的時間。每天下課，補數學、英文，學小提琴、鋼琴……我經常遇到孩子補得太多，讓我實在不忍心再讓他們上我的作文課！

從女兒上小一開始，我就經常自我提醒，不要給女兒安排太多「行程」，而且隨時注意她一天可以自由地玩幾個鐘頭？

我盡量要求自己，一天之中，最「少」要讓她有一個小時的運動時間，另外要能夠讓她自由自在地玩兩個鐘頭以上。

截至目前為止，還好，因為她功課不多，動作也夠快，半小時內就可以把功課做完。因為沒有上安親班，所以中午放學回家後，時間還很多。

但是說實話，要忍住不帶女兒去學東學西，真的是很難。我堅持的是，絕對不給她上「學科類」的東西：英文、數學、電腦……而以運動與藝術類為才藝課的唯二選項。而且，隨著她升上中年級、在校上課時數增加，各類課後活動也就一一減少，因為我希望留

給她多一點自由的時間。除此此外，就是每星期五的自然體驗，讓她有半天爬山親近自然的時間，以及每個月一次的露營，放她野個痛快！

孩子缺少機會「玩」，真的是很大的損失。

現代孩子喪失玩的能力，父母別忘了帶頭玩

記憶中，小時候學校有一堂「說話課」，是我最喜歡的一堂課。老師會利用這一堂課，叫我們上台說笑話、說故事，或是玩團體遊戲。什麼「支援前線」、「大風吹」、「比手劃腳」、「接歌」、「接廣告歌」、「成語接龍」……到現在我還記得那個情景。

不過，現在好像孩子們都沒有機會玩這些了！今天，跟我作文班上的孩子玩「比手劃腳」，他們竟然都沒有玩過！我發現，現在的孩子很多都不會玩「老師說」、「蘿蔔蹲」，也不會玩「老鷹捉小雞」、不會玩「丟手帕」、不會玩「我家的我家的我家猜」！

我覺得我很幸運，有個「愛玩」的爸爸。雖然，我小時候也是才藝課排得滿滿的，不過我爸爸每逢假日，一定會帶著我出去玩。

我還記得，小學三年級，弟弟剛出生，夏日星期天一早，爸爸六點就叫我起床，父女倆躡手躡腳出門，讓媽媽在家多睡點覺，一起坐頭班客運車去白沙灣海邊玩水。爸爸不知道哪裡來的點子，竟用繩子把我綁在他身旁，然後我們戴蛙鏡潛水下去看魚。當年的海邊很乾淨，可以看到很多彩色熱帶魚！那些五彩繽紛的小魚，至今在我腦海中鮮明如昨。

住在桃園鄉間的那幾年，夏天幾乎都在大漢溪水脈度過。爸爸帶著我採野薑花，捉

蝦、撈魚。有一次，我們捕到了一隻大鳳蝶，爸爸還教導我怎麼把牠製成標本。球季開始，爸爸會帶我去球場看球賽。父女倆買兩個便當，從早上坐到晚上，喊啞了喉嚨。

每年過年，爸爸總會開車帶著全家環島旅行，溪頭、太魯閣、梨山、合歡山。即使連平日，吃過晚飯，別人家看連續劇，我們家也是爸爸帶著我們下跳棋、圍棋、打撲克牌。直到現在，每當我女兒去找七十歲的阿公時，阿公一定會搬出棋盤，跟她玩一盤西洋棋，或是五子棋。

有時候我想，我愛玩、不畏冒險、喜歡挑戰的個性，應該是得自老爸的遺傳。我還記得弟弟出生的那一年，爸爸很高興，大約有兩、三個月的時間，他每天下班回來，都窩在房間裡，用黏土捏來揉去，不知道在忙什麼。我在爸爸旁邊左轉右繞，想看他又在玩什麼，但他總是不說。

隔了幾天，我很驚訝地看到，爸爸用黏土捏塑了一個弟弟的半立體頭像！接著，爸爸去買了石膏粉，自己土法煉鋼試著灌模，剛開始幾次不是很成功，不過經過修補之後，爸爸在沒有任何專業工具之下，竟然完成了弟弟的石膏頭像，而且做得非常神似呢！

那是我爸爸。自己愛玩，也愛跟孩子一起玩。我生了女兒之後，每次回娘家，爸爸總是興致勃勃的，準備好各種「玩具」，要帶女兒去玩。有一次，他們祖孫倆花了一個晚上的時間，用兩個保鮮膜的捲筒，完成了一副「聽筒」。還有一次，我一回娘家，阿公便拿出用竹筷和橡皮筋綁好的「道具」，牽著女兒的手說：「走！我們去植物園餵松鼠！」

每次到海邊，爸爸一定會抱著我們下水，玩「跳海浪」的遊戲。還有就是把小孩整個埋在沙灘裡，只露出一個頭。至今我都覺得，如果去了沙灘，不下海、不碰沙，那哪叫做去「海邊玩」呢！

我不是專家學者，我說不出「玩」對孩子影響的學問、理論。不過，對我來說，最美好的回憶，都跟「玩」有關。老師帶我們玩的團體遊戲、同學跟我玩的下課時光、爸爸媽媽陪著我玩的經驗……甚至長大了，工作「好玩不好玩」對我來說也很重要。

我接出版社的案子，如果是採訪我感興趣的對象、話題，或是我有興趣的專業範疇，我願意少賺點錢。如果是「不好玩」的，除非錢多，否則還真懶得寫。

事實上，如果失去了玩心，不論大人或小孩，生活一定過得枯燥乏味。我們怎麼忍心讓孩子從小就失去了「玩」的樂趣呢？更何況，積極的人生，往往跟「玩」脫不了關係。

中國人喜歡說，「活到老、學到老」。或許，我們該添上一句：「活到老、『玩』到老，生命會更美好！」

我的孩子不打電動

——孩子不宜過早學習圖像思考

過早養成圖像思考，造成閱讀障礙

我不知道別人家的小孩如何？但自我有印象以來，我們家三個兄弟姊妹，從來沒有人擁有過任何電動玩具、任何一台電視遊樂器、任何一具掌上型電腦或之類的東西。嚴格一點來說，我小時候除了少數的電視節目，我爸爸甚至連電視連續劇、綜藝節目都不太讓我們看。

我小時候放了學，做完功課、吃完晚餐，爸爸看完半小時的電視新聞之後，就是全家聊天的時間。這段時間不是去巷子裡打打羽毛球、社區裡散散步，就是爸爸教我們玩五子棋、跳棋、圍棋或下象棋，甚至打橋牌。再不然就是各看各的書、練琴的練琴、畫畫的畫畫。

說來好笑，我在上大學以前，除了跟我媽媽在樓下小吃店吃午餐時，看她打過幾次「小精靈」之外，我從來沒有玩過電動玩具。我連第一次看漫畫，也是上高中以後的事。我爸爸不喜歡這些：「打電動、看電視，除了傷眼睛，沒有什麼好處！」所以我們家小孩都很晚接觸電玩、電腦、漫畫。

有一次，我看到女兒學校發的單張「護眼方案」，倡導十歲以前的孩子不要接觸電腦，我覺得挺有道理。因為孩子的視力還不穩定，太早就讓眼睛長時間注視近距離、會閃動的畫面，對眼睛傷害很大。另外，我也不覺得孩子需要這麼早就會使用電腦。畢竟電腦只是一個擴充我們知識與資訊的工具，晚點再學也不遲。

事實上，除了保護眼睛，我覺得太早養成孩子習慣「圖像思考」，對於培養閱讀習慣，也沒有什麼好處。美國名師雷夫在《第56號教室》中所提到培養孩子閱讀習慣的想法，跟我很接近，我也覺得**孩子早期最重要的就是要享受閱讀，培養終生的閱讀習慣。而太多的電視、遊樂器材、電腦，往往是阻礙孩子學習閱讀的巨大障礙。**

沒有機會接觸，就沒有需求

有次我跟我先生討論，為什麼孩子會接觸到電動玩具？我的意思是說，如果家長不買、家裡沒有、學校老師又不准孩子帶電動去學校的話，那麼到底小孩有什麼管道可以玩到電動玩具？像我小時候，我根本不知道有什麼電動玩具可以玩。我也不了解，為什麼家長會買電動玩具給孩子玩？尤其是像線上遊戲之類的？

後來，其他家長告訴我：很簡單啊！孩子玩電動就不會吵啊！或是去同學家、看到同學玩啊！或是家裡爸爸、媽媽也玩啊！我想想：啊！對了！我小時候，媽媽管我管得很緊，我好像沒有什麼機會去同學家玩，唯一有的幾次，都是爸媽陪我一道去的！我媽媽喜歡同學來我家，不喜歡我去別人家。而且高中以前，我從沒上過補習班、安親班，所以我大概是少數「電動隔絕」下的孩子。

目前看起來，我女兒應該也會跟我一樣。

當生活裡沒有電視、電腦、漫畫的時候，孩子恐怕真的就只能看書了！

養成閱讀習慣，自然而然繼續讀下去

有次去學校，老師說：「妳女兒愈來愈安靜了，幾乎有空就看書，一直看個不停！」她在家裡也是瘋狂看書，早上起來捧著《安徒生童話》。在早餐桌上看，晚上睡覺捧《中國民間故事》躲在床上偷看。

我覺得《第56號教室》有一段寫得很有趣：有一個孩子擬了三道問題，比「閱讀心得報告」還有效地反應了你是否真正享受過閱讀的樂趣：

第一：你是否曾有過邊看書、邊吃飯，結果被爸媽臭罵一頓的經驗？

第二：你是否曾在老師上無聊課的時候，忍不住偷看抽屜裡的書？

第三：你是否曾躲在棉被裡偷偷看書？

如果以上三題答案皆「是」，恭喜你！你這輩子大概都離開不了「閱讀」習慣了！

我女兒現在就是這樣。她會突然問我：「媽，『心血都泡湯了』是什麼意思？」、「媽，『喃喃自語』是什麼意思？」、「媽，『縣官』是什麼？」、「媽，『員外』是什麼？」、「媽，我覺得『下巴王子』很好看。」、「媽，這本書上的『美人魚』跟我在電視上看的不一樣。」她像一塊超級大海綿，不停地從書裡發現疑問，也從書裡獲得解答。

很多家長問我：「為什麼妳的孩子這麼喜歡看書？」我通常都會告訴對方，除了「從小為他讀故事」、「成長期間閱讀引導」之外，「限制看電視及玩電玩的時間」也是很重要的。《第56號教室》的作者雷夫老師說：「給他一本他會有興趣的書」是帶領孩子進入閱讀世界最重要的一步。

與其因為怕小孩吵，給他買一台電動玩具，不如給孩子一本他可能有興趣的書。

我在幼齡時期給孩子念繪本。女兒自己開始讀繪本時，我就替她讀童話故事、民間故事。後來，她經常不耐煩等我讀完，想要先知道結局，就自己看。漸漸的，她自己看書的時間已比我讀給她聽的時間多很多了。我開始選一些少年小說讀給她聽。當她開始讀少年小說時，我就為她讀經典名著。現在，她已能自由自在沉浸在書海裡，毋須我幫忙了。

目前，女兒將近十歲，閱讀興趣已經養成。她要玩什麼電動、看什麼電視，已經不太需要控管了，甚至我發現她如果有一本好看的書在手，連卡通都已經吸引不了她。因為她早已發現，閱讀的世界比電動、電玩、電視更為寬廣。

對一個發現閱讀魔力的孩子來說，什麼樣的電動，會比《湯姆歷險記》、《哈利波特》、《福爾摩斯》更吸引人？對一個發現閱讀魔力的青少年來說，什麼樣的線上遊戲，會比《梅崗城的故事》、《根》、《刺鳥》更撼動人心？

相反的，一個從幼稚園就開始打電動的孩子，當他看到文字多於圖畫的書時，他會說：「字太多了，我不想看。」當你介紹他看《哈利波特》時，他會告訴你：「我看電影就已經知道結局了，看書太慢了！」因為他已經習慣於快速的圖像思考，不再能夠馳騁於想像的世界，咀嚼細微的思想啟發。

所以，把孩子的電動玩具收起來吧！請為他讀一本書。

網路迴響

wildrush：我個人是兩邊通吃的類型。我看書，也玩電動看漫畫。而我也不覺得圖像思考有什麼不妥，拿最近很夯的心智圖記憶法來說，它也算是在某種程度上對圖像思考的運用。不過，有很多書上都會說圖像思考是人類大腦生而俱來的本能，所以不用特別訓練，真是如此嗎？

的確，人會有將圖像轉為意念的能力，所以會有象形文字的產生，但是所謂的圖像思考並不只是圖像間的轉換，更帶有不同意念的聯繫組織。而組織這種事情很難用純文字的閱讀去培養與建立，因為那些文字作品中少有另外一種「因為」，跟其所引發的另外一種「所以」。這也是很多人一開始踏入心智圖會感到不適應的原因。

我可以承認打電動是很傷眼的事，即使我打到現在也不需戴上眼鏡，我卻不能認同電玩會阻礙學習閱讀，兩者或許各需占掉不同的時間，但兩者間並不互相阻礙。就如同閱讀的培養是需要引導的，電玩引發的閱讀興趣也一樣。就像我國小、國中時的金庸群俠傳讓很多只打電動的人去看了原作（我自己也去看了《射鵰英雄傳》還有其他），而原創設定更讓我去了解這些故事是發生在什麼背景之下。在電玩已經跳脫出純反應式運動，加以附上相關的時空背景，或是一些名作的設定時，其實那所引發的閱讀興趣，會比直接丟一本書給孩子看來得快，印象也更深。老實說，沒道理認為閱讀可以被引導，而電玩不行吧？

安儀：如果閱讀只停留在金庸武俠小說，我想那不是我所謂的「閱讀」。閱讀的深度、寬度、如果能在學齡時加深，將來人文素養的程度就會有非常顯著的不同，而一個社會的進步，與其人文素養有莫大的關係。

深度的閱讀必須循序漸進，必須引導，必須日益加深，直至觸及人性及思考的層面。一部好的作品必須有動人層面，他有引導人性、推往善面的作用。

而電動玩具的娛樂性，我覺得適宜成人成年之後的選擇，但不是三年級以下的孩子所該提前接觸的。

可惜的是，孩子的胃口還沒有建立時，過多的聲光刺激破壞了他的胃口，這是我不樂見的。這就好像一個習慣看好萊塢電影的觀眾，沒辦法看藝術片，但是一個能夠欣賞藝術電影的人，卻同時能夠欣賞好萊塢電影。

記得有次我對我的教授抱怨，我沒法讀《紅字》。教授跟我說過一句話：「閱讀是一種鍛鍊。妳的寬度夠時，就能閱讀所有的作品。但是妳沒有那樣的寬度時，妳只能讀休閒作品。」

我希望我的孩子先培養好閱讀的能力與習慣，將來要打電動隨時可以開打，但要培養好閱讀的胃口，卻並不容易。

安德魯媽媽：親愛的安儀！我實在沒辦法不讚美妳提供這樣的平台給我們交流，這裡已經變成我平淡生活的另一個精神支柱，除了個人獲得好多資訊，還有妳豐富領域的觀眾群，看到大家各持己見，但卻保持優雅風度的評論，真是大呼過癮！

安儀：對啊，我的讀者程度都相當好，理性者居多，其實很多問題是可以討論的，只要不是攻擊性的言談，其實真理愈辯愈明。有時候讀者的看法也會激盪出我寫得更詳細，或是更釐清自己的盲點。

我寫這篇文章其實有個小故事，主因是因為我不喜歡在戶外活動時，有人帶著電動。我不喜歡孩子該跑跑跳跳的時候，鑽進帳篷玩電動。

可是很奇怪，很多父母都喜歡給孩子開電腦玩電動。我的看法是，沒有開始就沒有上癮、成迷的問題，所以我很不懂的是：為什麼會有開始？

而我在學校的經驗，發現許多孩子花很多時間玩電動，不論是每天半小時，或是星期天的兩小時，我覺得不可思議。對於在設定好範圍內的闖關或是用某些武器攻擊，純粹手指的運動鍛鍊，除非有特殊需要，我不覺得那對孩子有何重要。更何況每天討論贏了幾種武器、得了幾滴血的對話。

我發現的事實是，這些孩子沒有人引導閱讀，他們沒有機會接觸動人的作品，他們沒有機會閱讀《安妮的日記》。他們沒有人讀《動物農莊》，他們沒有人讀《白狼》、《愛的教育》、《簡愛》、《小婦人》。我覺得很可惜。

我先生以前很喜歡玩線上遊戲。

我有一次對他說：「人家朱自清的背影是爸爸送別時去買橘子，我們家的兒女也是特別熟悉爸爸的背影——爸爸坐在電腦前玩線上遊戲的背影。」

他現在不打了。

wildrush：其實我很想問，當妳女兒開始抱著言情小說躲在棉被裡偷看時，妳會贊成還是阻止？不過請先不要以妳對她的培養下，她不會去看言情小說這點來預設立場。

……

「如果閱讀只停留在金庸武俠小說，我想那不是我所謂的『閱讀』。」

我不知道我那段話為什麼會讓人覺得我們的閱讀只停留在金庸武俠小說，因為我在後面其實還說了去了解其中的背景設定。我想表達的是玩電玩的人能有更多機會接觸層面更廣的世界，而且只要好好引導，更能培養資料收集與組織再造的能力，也就是一般國人所缺乏的邏輯力與想像力。

以前我們別無選擇，但現在不一樣。我個人也不喜歡一個人只打電動，只看漫畫而不看書。不過現在媒體眾多，我們可以認識一個作品的管道也不只一項，甚至同一段歷史會有不同的角度被畫出來或製作出來。

安儀：我不會阻止我女兒看言情小說，因為我自己也會看啊！但是，我除了看言情小說，我也喜歡看一些大部頭的作品，這就是我說的「閱讀的寬度」。這需要不斷地鍛鍊，並且由成人的閱讀引導而培養的。當你的閱讀有了一定程度後，大概也不會喜歡看言情小說了，因為會覺得無聊、不好看。

這就是閱讀程度的問題了。所以，以前在學校，如果自稱愛看書的朋友，最喜歡的作家是「三毛」，我大概可以了解他的閱讀程度。我並不是不喜歡三毛，不過如果有機會看到更棒的作品，你就不會選三毛做為最喜歡的作家。

但我會覺得可惜。這就好像聊旅遊見聞的時候，一個去過北極的人跟一個每次都去峇里島的人，當然能談的深度就差很多。我希望我的孩子將來能理解的閱讀層面更廣，因此我不希望他太早對一些表面看起來枯躁、但事實上樂趣很多的作品失去耐性。

其實，我長大後有一陣子也很喜歡打電動或看漫畫啊！但是，因為小的時候閱讀習慣已經養成，所以我可以接受一般人覺得沉悶的書籍或電影。而沉悶的背後，往往是更大的驚喜。

我想我的重點是擺在「三年級以前的孩子」不宜接受太多聲光刺激的媒體，取代了閱讀，否則他將失去了「看沉悶電影或書籍」的細胞敏感度，而非「打電動或看漫畫是壞事」。

至於身邊的書蟲，我的認知剛好相反，我特別喜歡書蟲。我的書蟲同事們，都是溫暖有深度，可以談心、值得深交的人，通常在同事階段、最後淘汰留下來的朋友，都是這類人呢！

戒電視
——失去第四台的生活更美好

戒電視就像戒菸，只是習慣非必要

基於我目前的工作是「上電視」的，我每次都很羞於對人啟齒「我家沒有『第四台』」這個事實。因為，自己以電視通告為業，卻被人發現自己不看電視，好像有點「欺騙社會大眾」之嫌。

其實，我家沒有有線電視，是一個美麗的「意外」。剛搬來這個社區時，本來是裝設著有線電視的，而且費用還含在每月貳仟元的管理費之內，非常划算。不過，我搬進來沒多久，就遇上有線電視業者想要調漲費用，和社區管委會發生了一些糾紛的狀況，於是，業者就斷了我們的收視線路。但是，因為當時社區管委會呼籲住戶要力挺管委會，不要私下妥協，於是我們也就忍著「沒電視看」的痛苦，沒有去找業者繳錢、恢復收視。

喪失有線電視，最不習慣的是先生和小孩，我和婆婆倒是還好。婆婆是因為她什麼都看，雖然「有線電視」沒了，但還有「衛星電視」，只要電視開著有東西看就好。我則是一向不怎麼依賴電視，之前因為職業是跑影劇新聞，看電視對我來說是「做功課」，不看不行。但是，只要一碰到休假，我就像個「化外之民」不問世事，既不開電視、也不買報紙，有時候發生了天大的事情，也一問三不知。

幸好，當時我已經離開了影劇線上，所以有沒有電視對我的工作來說，影響不大。倒是先生很不習慣。他是每天下班回來就要坐在電視機前的人，一旦沒有電視，頓覺生活失去重心。還好，他有第二選擇，就是改坐在電腦前面。

不過小孩的抗議聲就大了。沒有了幼幼台、卡通台，我不在家時，他們的生活就頓失樂趣，姊弟倆在家窮極無聊只好玩玩具，不然就是拿出紙筆畫畫、看故事書。

說也奇怪，沒有電視之後，我們家所有人都有一樣的感覺，那就是：「時間變多了。」吃飯的時候，因為飯廳沒有電視，大家就會開始聊天、談笑；睡覺前，因為房間沒有電視可看，自然就會看看書、說說話。

我發現，當大家的臉不是面對同一個平面——電視機——的時候，才真的比較像一家人，因為彼此「互看」的時間增加了。而且我發現，看電視真的也只是一個「習慣」，就跟抽菸一樣。戒菸之後，你會發現日子還是一樣過，並沒有減少什麼，也沒有失去什麼。

家庭活動多如繁星，別讓電視統治了

我不依賴電視的習慣，其實跟我爸爸很有關係。爸爸留美多年，很多習慣跟觀念受西方影響比較大。我小時候，他就很注重我們的教育，不喜歡我們看電視。因此，印象中每到了吃晚飯時間，電視一律得關起來，大家一起上餐桌，一邊說笑、一邊吃飯，一頓飯往往要吃一個多鐘頭，這是全家團聚的金色時光，爸爸絕不允許我們看電視。

吃完飯，看半小時新聞（在我小時候那個年代，新聞只有半小時），電視又關起來了。爸爸會拿出棋盤和我們下棋、教我們玩橋牌，或是帶媽媽去社區散散步、跟我們打打羽毛球。有時候甚至是人手一本書，在客廳中各據一角，安安靜靜各看各的。因此，我們看電視的時間，大多都是爸爸出國、不在的時候——我媽媽很喜歡看連續劇，因此爸爸不在時，媽媽

就會打開電視讓我們跟她一起看電視。

不過，回憶起來，**我們家小孩都很懷念那些不看電視的夜晚，爸爸會陪我們玩，陪我們聊天、畫畫，或是做一些稀奇古怪的事。在那些夜晚，我們共享寧靜，享受父母給我們的關注與愛。**

成年之後，我還是很能享受這份寧靜。當我一個人在家，或是只有我跟兩個孩子在家，我會放音樂，然後窩在沙發上看小說，或是一邊彈彈鋼琴、畫畫圖畫。最近我們家的新娛樂是玩「拉密」牌，颱風天在家閒來無事，我們母子三人就攤開「拉密」牌，玩個幾盤。

別被動看電視，要有選擇、有限制

看電視不是一種罪惡。但是，毫無選擇地看電視、完全被動地看電視，的確浪費了我們很多的時間。自從我家不再裝設有線電視，客廳、飯廳不擺放電視之後，我發現，我們一星期也很少打開一次電視機。有個很有趣的情形發生了，那就是，每次我們一起出去吃飯，如果店家有電視，我們全家都會看得格外認真：因為對我們來說，連電視廣告都是新鮮的！因為我們都沒看過！

可是說也奇怪，到目前為止，我們都還挺滿意這樣的生活。我們已經逐漸習慣生活中沒有電視。如果想看電影，我們就去錄影帶出租店租來觀賞，或是上網路去找我們需要的新聞片段來看。我們不再終日把電視開著，讓新聞台重複又重複地播著同樣的、無聊的新聞，讓自己像一座雕像，被許多嘰哩呱啦的垃圾節目所掩埋。因為，我們都知道，這些並不是我們需要的、也不是我們想要的。

據洪蘭教授說，看電視受到的刺激，遠比讀書受到的刺激要來得少；而一些研究也顯示，看DISCOVERY的老師，要看三遍影片才說得出內容；而讀同樣內容腳本的老師，則只需要讀一遍就可以上台報告。因為人腦接受傳輸時，萬一無法理解內容，眼睛會自動往前搜尋之前讀過的文字敘述，但是看電視卻無法控制影片隨時倒帶。

很多家長問我：「我的孩子很愛看電視耶！怎麼辦？」我通常都不知道該怎麼回覆這個問題。因為，看不看電視並不是重點，重點是，不看電視的時間，孩子有沒有得到你的關注？不看電視的時間，你讓孩子做些什麼？你要求孩子不看電視，那你自己呢？你是不是那種把小孩趕進房間，然後自己在客廳裡看電視笑得很大聲的爸媽？如果是這樣，你怎麼要求你的孩子「不可以看電視」？

網路迴響

網友詢問：電視怎麼管控呢？百分之百不讓小孩看嗎？或是篩選且限定時間？

安儀：我控管電視的方式大約有幾個重點：

第一：選擇合適孩子年齡的電視節目。不給她看超齡、成人、太多性暗示、過於暴力、血腥、恐怖的節目。

我家因為沒有裝第四台，所以卡通都是以我們家的DVD或是去租的卡通為主，我通常會過濾內容。至於偶爾在朋友家看一下卡通台流行的卡通，因為不是常態，也為了避免引起尷尬，我倒是沒有特別去阻止，但是會注意看的時間不要過久，讓眼睛歇歇。

第二：一星期大約以五小時為限。假日或是在親友家看電視的時間會稍長一點，比方說女兒很喜歡看中視週末晚間的大魔競（魔術表演，可以看個一小時，平日就以睡前（九點半至十點）半小時為限。但是如果上床時間較晚、或是孩子想聽故事，那麼當天可能就沒有時間看電視了。

我覺得，看電視是一個習慣，當你養成其他更吸引人的休閒習慣時，就自然而然不會選擇電視了。像我們現在週末經常露營、出遊，在家的時間、彈琴、看書，或是上上網，看看別人的世界（部落格）……自然而然孩子會去選擇她覺得更有趣的事情，也就不太會想去開電視。

像我家女兒上床前可以看半小時卡通，不過現在她有時寧可選看故事書而放棄。這就是因為她發現了更有趣的事。

現代好爸爸

——男人也要負起教養育兒的責任

「斯斯」有兩種，「爸爸」有三種

每次作文班小朋友寫「我的家人」題目時，關於爸爸的描述，大致可分為三種：

第一種爸爸叫做**「電視（電腦）爸爸」**。

小朋友筆下的 這類爸爸，下班回來後就坐在電視機（電腦）前，從「有節目」看到「沒節目」，不論吃飯、睡覺，都坐在電視前面。通常，我會要求小朋友練習描述細節，因此會把學生叫來，請他描述一下爸爸愛看什麼節目？看的時候有些什麼表情動作？小朋友總是想了一想回答我：「老師！我爸什麼節目都看耶！而且看的時候就是呆呆的。這樣很難寫耶！」

第二種爸爸叫做**「工作狂爸爸」**。

小朋友筆下的這類爸爸總是寫得非常傳神：

「我爸爸是個『賺錢機器』，他無時無刻不在上班。他不但回家後一直講手機，吃飯、看電視在講手機，甚至連上廁所都把手機帶進去講！媽媽說，他上廁所也要工作，所以我們都叫他『上班達人』。」

第三種爸爸，比以上兩種類型稍微看起來有用一點，那就是**「修東西爸爸」**。

這類爸爸在家裡給孩子印象最深刻的就是「修東西」，上至電燈、下至電腦、收音機，無所不修。堪稱家裡的常駐水電工，孩子眼中的超級修理達人。

我覺得有趣的是，孩子的作文中，對媽媽的描述可以說是五花八門：有的媽媽擅長煮

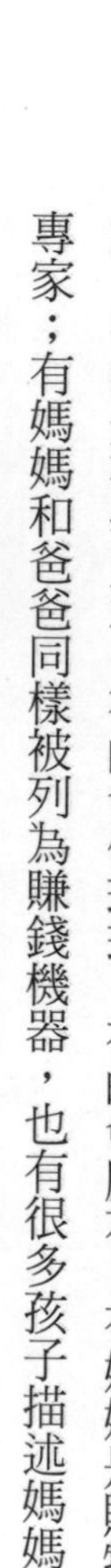

飯、有的是數學天才；有的會做瑜珈、有的會壓花；有媽媽是購物高手，也有媽媽是歷史專家；有媽媽和爸爸同樣被列為賺錢機器，也有很多孩子描述媽媽是自己的最佳導師。

不過，截至目前為止，作文裡孩子對爸爸的描述，除了上述三種「大宗」之外，我只看過兩個寫爸爸體育很棒、一個寫爸爸會幫忙解決數學問題，以及一個很會做菜的。

在台灣目前的社會中，職業婦女占了百分之七十以上。照說，在父親、母親同樣都要工作，職場、家庭兩頭燒的狀況下，男人、女人應該同樣要一肩擔起育兒、家務的重擔才對。不過，根據調查，女人負擔家務、孩子的時間，卻是男人的七倍以上。這實在是一件非常、非常不公平的事情。

即使女性負擔家計的比例越來越高，但是大家卻可以輕易發現：參加孩子學校日的，多半是媽媽；帶孩子打預防針的，多半是媽媽；上網討論育兒、聽演講、看育兒書籍的，仍然是以媽媽為多。有一次，錄影時，于美人在後台說：「奇怪，為什麼參加學校座談、聽演講的人的都是媽媽，難道爸爸育兒都不會有問題嗎？」

我苦笑：「不是他們沒有問題，是他們不覺得那是他們的問題！」

之前我曾經聽到一個可怕的數字，那就是在「罕見疾病基金會」扶助的四千個家庭中，單親媽媽的比例，竟有八分之一強！也就是說，有五百個爸爸，因為無法面對孩子的殘缺，而在面臨困境的當口，選擇落跑，把孩子丟給媽媽照顧。因此可見，在台灣，認為自己應該擔負孩子的教養責任、願意為孩子全心付出、積極參與孩子成長的爸爸，仍然不夠多。

所以，在我心目中，一個「現代好爸爸」，除了能夠負擔家庭經濟之外，最重要的，就是不能夠把「我要上班」當作藉口，而要積極參與育兒的任務、爭取跟孩子相處的時間。也就是說，爸爸跟媽媽，地位應該是一樣的，撫育幼兒的時間也應該一樣多。

新手爸爸必備育兒四絕招

聽到這裡，一定有很多爸爸大聲喊冤：「不是我們不育兒，是孩子不要我啊！他們都只黏媽媽！」很多爸爸在孩子剛開始誕生的頭一年，感受到很大的挫折。「孩子要吃奶，我太太又餵母奶，我跟本幫不上忙！」

其實，新手爸爸，千萬不要著急。孩子跟媽媽在肚子裡已經相處了九個月，佔了先天優勢，再加上「有奶就是娘」，剛開始當然跟媽媽比較親。但是，新手爸爸也別喪氣，一定要相信自己在九個月後，絕對可以扳回一城。但，要有收穫一定要先有付出，我們來看看，新手爸爸究竟可以做些什麼事：

一、每天「至少」跟孩子一起做一件事

雖然在辦公室裡累了一天，不過，回到家，看到寧馨兒可愛的睡臉，不是最幸福的一件事嗎？現代爸爸，請不要一下班就埋在沙發裡看電視，或是埋在電腦前打線上遊戲，更別嫌孩子的哭聲煩人，試著將下班後的時間通通留給孩子，並且記住：親情是從小事開始

培養起的。

不妨請太太每天留一下一些固定的「工作」給你。比方說，給小寶寶洗澡、換尿布、哄睡覺，或是給大孩子看功課、讀故事、散步、或是打球。建立「每天」跟孩子一起做「至少一件事」的習慣，對於新手爸爸來說很重要。這不但分擔了太太的工作，對孩子來說，這個跟爸爸一起進行的、固定的習慣，久而久之，也會養成一種期待和情感。

我小時候，每天晚上，爸爸都會替我念一段睡前故事。金銀島、小婦人、小公主……直到現在，那些爸爸唸過的小說，上面注記著漂亮的硬筆字，仍然是我最珍貴的記憶。我念國中時，從桃園遷來台北上學，爸爸每週一、三，下班後就會趕來台北，教導我數學和理化，隔天一大早再搭車回桃園上班。我的爸爸從來沒有對我們說過他有多愛我們，但他的愛，一直圍繞在我們身邊。

所以，現代爸爸，下班後別習慣只拿著滑鼠跟遙控器，多留一些時間給孩子。這些記憶，都將種在孩子的腦海裡，永遠不會忘懷。

二、教孩子你的拿手絕活

放假時，不知道要跟孩子一起做什麼嗎？很簡單，把你的拿手絕活，教給孩子！

我爸爸小時候家境窮困，沒什麼娛樂。他會唱的歌兒有限，會玩的把戲也不多，不過，所有他會的東西，幾乎都教給了我們。幼稚園開始，他就教我跟弟弟妹妹下象棋、玩橋牌，他的招牌歌「小黃鸝鳥兒」，我們姊弟也都會唱！

在小小孩的眼中，父母就是偶像、人生的第一個老師。不要擔心自己沒有能力。打籃球、吹口哨、唱歌、跳繩、炒一道好菜，學狗叫、貓叫、扮鬼臉、變魔術，只要你願意花時間秀給孩子看，你就是孩子眼中的英雄。

在很多人的記憶中，第一次騎腳踏車、第一次學游泳，都是爸爸留下的印象。在「教」與「學」的過程中，你自然而然就辦到了一件聽起來很困難的事：「相處」。任何的相處，都是一種時間的累積，而情感，正是需要大量時間的累積。因此，不要吝於跟孩子分享你的世界，把你的快樂介紹給孩子，讓他們體驗你的生命。這也就是你生命的延續，不是嗎？

三、在家庭關係上，夫妻要維持平等

在台灣傳統家庭中，很多爸爸是「大男人」，平常不在家，一回家就變成大爺，這實在對孩子的兩性觀念有極為不良的影響。而且，這類大男人，跟孩子相處的時間都不多。以致於孩子跟爸爸並不親近。

大男人的家庭裡，太太的地位很低落，她們通常沒有金錢的主控權，即使明明是個上班族，也對家庭財務沒有置喙的權利。這類太太回到家，要負責所有的家務，甚至被婆婆、小姑欺侮，苦不堪言。可是，這樣一個任勞任怨的角色，給孩子的影響是什麼呢？

我看到過很多例子，在這樣的家庭下長大的女孩，要不就是害怕婚姻，怕自己落入跟媽媽的相同窠臼，選擇獨立、單身，對男人沒有好感；要不就是完全複製媽媽的模式，遇

到一個同樣的大男人，然後和媽媽一樣的認命、淪陷在不愉快的婚姻裡。而且，重男輕女的觀念，也會在無形中複製，造成家裡的男孩因為太過受寵，反而一事無成。這對男孩、女孩都不是一件好的示範。

不過，近年來婦女地位增高，有另一種情況也時常發生，就是太太過於強勢。強勢的太太容易過度壓制子女。通常這類媽媽至上家庭裡的小孩都十分乖巧聽話、學業優秀。不過長大後卻有一個特徵就是，被過度保護之後，處理日常生活的能力很差；有時候甚至一遇到環境改變就不知道該如何是好。顯現出的是被媽媽過度保護之下的無能。

因此，夫妻雙方的權利與義務平等，在家庭裡十分重要。爸爸媽媽誰扮黑臉、誰扮白臉都無所謂，重要的是要彼此尊重。尤其是教養孩子時，最好取得共識，和平溝通，孩子才會懂得尊重異性、平衡發展自我。

四、花錢不如花時間

有一次，我跟老公起了相當嚴重的爭執。起因就是在幾乎一星期不見人影（每天都是超過孩子就寢時間才回家）之後，週日晚間好不容易在大約十點左右到家，孩子還沒睡，我滿心以為他會陪孩子說說話、問候一下，結果他進了家門後，竟悶不吭聲地打開電腦繼續坐在電腦前。

我很生氣的說：「難道你覺得，你交了房子貸款，這個家就跟你沒關係了嗎？」他說：「我是為了妳、為了孩子、為了這個家。」

事實上，我們都瞭解，這句話只對了一半。

潛意識裡的正確答案應該是：「我成就了我自己，順便為妳和孩子以及這個家。」

有一次，我主持「城邦」的記者會，首席執行長何飛鵬說，有一次他剛好有空，心血來潮送女兒去上學。結果，走到某條路時，女兒很詫異的對他說：「爸，你走這條路幹嘛？我已經不是ＸＸ國中的學生，我現在念中山女高了！」

全場大笑，原來這個故事不是只有成龍發生過。

但我聽了卻覺得好心酸。

沒有女人希罕老公是王永慶、郭台銘──如果你總是夜不歸營、連孩子念幾年級都不清楚。

沒有女人希罕手上鑽戒有多大顆，如果你總是沒有假期、沒有時間、沒有陪伴。

為什麼，被叫做「爸爸」的人，在孩子的生活中總是一而再、再而三的缺席？

為什麼，被叫做「爸爸」的人，永遠撥不出時間和孩子相處？

還是，被叫做「爸爸」的人，總以為孩子姓你的姓，他將來就會無條件的愛你、孝順你、景仰你，即使他根本不記得你陪他做過什麼？

然後，這個被叫做「爸爸」的人，有朝一日工作結束、退休之後，才發現妻兒早已經習慣沒有你？

台灣爸爸啊！當孩子叫你一聲「爸爸」時，請好好珍惜，你當爸爸的珍貴時光。

野人家52

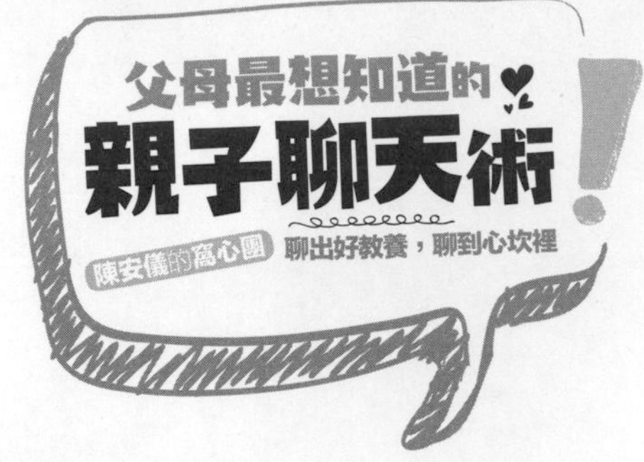

作者 陳安儀

總編輯 張瑩瑩
副總編輯 蔡麗真

責任編輯 楊玲宜
校對 黃怡瑗
美術設計 洪素貞(suzan1009@gmail.com)
封面設計 黃文生
行銷企畫 林麗紅

社長 郭重興
發行人兼出版總監 曾大福
出版 野人文化股份有限公司
發行 遠足文化事業股份有限公司
地址：231新北市新店區民權路108-2號9樓
電話：（02）2218-1417 傳真：（02）8667-1065
電子信箱：service@bookrep.com.tw
網址：www.bookrep.com.tw
郵撥帳號：19504465遠足文化事業股份有限公司
客服專線：0800-221-029
法律顧問 華洋法律事務所 蘇文生律師
印製 成陽印刷股份有限公司
初版 2010年4月
二版一刷 2015年12月

定價 320元

國家圖書館出版品預行編目資料

父母最想知道的親子聊天術：陳安儀的窩心園,聊出好教養,聊到心坎裡! / 陳安儀著. -- 初版. -- 新北市 : 野人文化出版 : 遠足文化發行, 2015.12
面； 公分. -- (野人家 ; 52)
ISBN 978-986-384-107-4(平裝)

1.親職教育 2.子女教育 3.親子溝通

528.2 104024764

父母最想知道的親子聊天術：
陳安儀的窩心園，聊出好教養，聊到心坎裡！

線上讀者回函專用 QR CODE，您的寶貴意見，將是我們進步的最大動力。

野人

野人文化
讀者回函卡

書　名

姓　名　　　　　　　　　　　　□女 □男　年齡

地　址

電　話　　　　　　　　　　　　手機

Email

□同意 □不同意　收到野人文化新書電子報

學　歷 □國中(含以下)□高中職　□大專　□研究所以上

職　業 □生產/製造 □金融/商業 □傳播/廣告 □軍警/公務員 □教育/文化 □旅遊/運輸 □醫療/保健 □仲介/服務 □學生 □自由/家管 □其他

◆你從何處知道此書？

□書店：名稱 ______________ □網路：名稱 ______________

□量販店：名稱 ______________ □其他 ______________

◆你以何種方式購買本書？

□誠品書店 □誠品網路書店 □金石堂書店 □金石堂網路書店

□博客來網路書店 □其他 ______________

◆你的閱讀習慣：

□親子教養 □文學 □翻譯小說 □日文小說 □華文小說 □藝術設計

□人文社科 □自然科學 □商業理財 □宗教哲學 □心理勵志

□休閒生活（旅遊、瘦身、美容、園藝等） □手工藝／DIY □飲食／食譜

□健康養生 □兩性 □圖文書／漫畫 □其他 ______

◆你對本書的評價：（請填代號，1. 非常滿意 2. 滿意 3. 尚可 4. 待改進）

書名 _____ 封面設計 _____ 版面編排 _____ 印刷 _____ 內容 _____

整體評價 _____

◆你對本書的建議：

野人文化部落格 http://yeren.pixnet.net/blog

野人文化粉絲專頁 http://www.facebook.com/yerenpublish

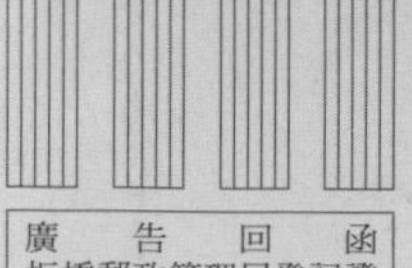

廣　告　回　函
板橋郵政管理局登記證
板橋廣字第143號

郵資已付　免貼郵票

23141
新北市新店區民權路108-2號9樓
野人文化股份有限公司 收

請沿線撕下對折寄回

書號：0NFL4052